통근대학 MBA 1

매니지먼트(MANAGEMENT)

글로벌 태스크포스 지음

STUDY WHILE COMMUTTING

나무한그루

1 TSUUKINN DAIGAKU MBA MANAGEMENT
by GLOBAL TASKFORCE K. K.

Copyrigt ©2002 by GLOBAL TASKFORCE K. K. All rights reserved.
Originally Japanese edition published by SOGO HOREI PUBLISHING CO., LTD.
Korean translation rights arranged with SOGO HOREI PUBLISHING CO., LTD.
Korean translation copyright ©2005 by EINBAUM/NAMUHANGURU

머리글

■ 재능의 시대를 맞이하여

〈자기 자신을 무장해야 하는 필요성〉

지금 국내 경제는 큰 전환기를 맞이하고 있다. 경제의 성숙화, 낮은 출산율과 고령화, 세계화 등의 환경변화 속에서 종전의 경제구조가 제 기능을 상실하고 있다. 이런 사회적 배경 속에서 기업들도 살아남기 위해 경영을 개혁하는 구조조정의 과정에서 '실패하는 조직'과 '성공하는 조직'으로 양분되었다. 이와 마찬가지로 비즈니스맨도 이제부터는 '기존 조직 안에서도 살아남을 수 없는 사람'과 '모든 회사에서 필요로 하는 유능한 인재'로 나눠지게 될 것이다. 그렇다고 해서 벌써부터 겁먹고 부정적인 생각으로 자포자기해서는 안 된다. 전자에 해당하는 사람은 '살아남기 위해 무엇을 해야 할지'를 고민해야 할 것이며, 후자에 속하는 사람은 재능획득 전쟁(War for talent)의 주역으로서 자신을 지속적으로 연마하고 무장하여 넓은 비즈니스 세계에서 통용되는 기술을 익히기 위해 노력해야 할 것이다.

■왜 MBA의 기초과목을 배워야 하는가?

〈세계 비즈니스맨의 공통 언어〉

이 책에서 다루는 주제인 '마케팅', '회계', '기업재무', '인적자원관리와 조직행동', '경영전략'은 국내외 경영대학원의 MBA과정에서 필수 과목으로 지정된 항목이다. 또한 '크리티컬 싱킹'은 논리적인 사고능력을 익히기 위한 과목으로 앞에서 말한 5가지 과목의 제반 요소를 실제 경영활동에 적용하는 데 있어 반드시 필요한 부분이다. 이 내용들은 글로벌 비즈니스 세계의 공통 언어다. 이 공통 언어를 체계적으로 배우면 여러 분야를 폭넓게 이해할 수 있다. 그렇게 되면 회사 안팎의 크고 작은 의사결정을 할 때 각기 다른 부서와 위치에 있는 사람들과 원활한 커뮤니케이션이 가능해진다. 여러 분야를 폭넓게 이해함으로써 공통된 인식을 토대로 대화하기 때문이다. 흔히 접하는 예로 상품을 판매하기 위해 좀더 많은 예산을 확보하고 싶어 하는 영업·마케팅부와 한 푼이라도 경비를 줄이고 나머지 예산을 적정하게 배분해야 하는 경리·자금부 사이에서 서로의 의견 차이를 좁히지 못해 회사 내에서 종종 발생하는 분쟁을 들 수 있다. 이는 서로의 전제와 상황을 이해하려 하지 않고, 각자의 논리에서 감정적으로 커뮤니케이션을 진행하려 하기 때문이다. 현실적인 문제에 대한 공통의 해답을 구하려면 모든 전제와 상황을 바탕으로 한 공통된 인식과 언어가 있어야 한다. 이것이 바로 비즈니스의 출발점이다.

■ 이 책의 목적과 대상자

이 책은 넓은 세계 어디에서든 통용되는 살아 있는 비즈니스 법칙과 이론을 익혀 자신의 시장가치를 높이고자 하는 비즈니스맨을 위한 것이다. 현실적으로 일에 대한 의욕이 넘치는 사람일수록 늘 시간에 쫓기기 때문에 통근시간이 유일한 자유시간인 경우가 많다. 하지만 출퇴근하는 전철이나 버스 안에서 읽을 수 있는 적당한 크기의 비즈니스 서적은 그다지 많지 않다. 그래서 자신을 좀더 발전시키고 싶지만 공부할 시간이 부족한 비즈니스맨을 위해 통근시간을 이용해 읽을 수 있고, 내용도 충실한 소형 비즈니스 서적을 제공하고자 이 책을 출간하게 되었다. 이 책은 두꺼운 비즈니스 서적을 사 놓고 시간이 없어서 1장도 채 읽지 못하고 책장에 그냥 넣어 둔 사람이라도 통근시간, 대기시간 등 자투리 시간을 이용해서 읽을 수 있도록 알기 쉽게 그리고 핵심만을 요약하여 정리했다.

이 책을 통해 독자는 비즈니스 세계의 공통언어인 광범위한 MBA 기초이론을 학습할 수 있다. 즉 여러분이 현실에서 직면하는 복잡하고 복합적인 문제를 해결할 수 있는 출발점에 서게 된다는 뜻이다. 이제 여러분에게 남은 과제는 비즈니스 현장에서 실제로 훈련을 쌓으면서 자신의 능력을 더욱 향상시키는 일뿐이다.

■ 이 책의 구성

이 책은 다음과 같이 구성되어 있다. 먼저 제1장에는 비즈니스의 기초 중의 기초인 '마케팅'을 논하고, 제2장에서는 사물을 논리적이고 비판적으로 생각하는 힘을 기르기 위한 '크리티컬 싱킹'에 대해 다룬다. 또한 중요한 경영자원인 돈과 사람을 다루는 '회계'(제3장), '기업재무'(제4장), '인적자원관리와 조직행동'(제5장)에 대해 설명한다. 그리고 제1장에서 제5장까지를 총정리하는 '경영전략'을 제6장에서 다루어 보았다. 여러분이 내용을 이해하기 쉽도록 하나의 주제를 2페이지 안에 담아 한눈에 들어오도록 정리했다.

통근대학 MBA 1

매니지먼트
(MANAGEMENT)

■목차■

머리글

제1장_마케팅(Marketing)

제2장_크리티컬 싱킹(Critical Thinking)

제3장_회계(Accounting)

4. 재무분석

5. 관리회계

제4장_기업재무(Corporate Finance)

1. 기업재무의 역할

제5장_인적자원관리와 조직행동(HRM&OB)

1. 경영과 조직 · 사람

제6장_경영전략(Strategy)

6. 전략실행과 관리

참고문헌

제 1 장

마케팅
(MARKETING)

요즘처럼 물건이 잘 팔리지 않는 시대에는 업종과 부서를 불문하고 모든 비즈니스맨에게 마케팅적인 발상과 지식이 요구된다. 이번 장에서는 이런 시대적 요구에 부응하여 마케팅을 알기 쉽고, 체계적으로 배울 수 있도록 했다.

제1절에서는 '마케팅'의 정의를 알아보고, 기업에서 마케팅의 역할과 그 프로세스를 살펴보기로 한다.

제2절에서는 1절에서 기술한 마케팅 계획 수립 프로세스의 첫 단계인 환경 분석과 마케팅 리서치를 통해 각 시장의 가능성을 인식한다.

제3절에서는 자사가 목표로 삼아야 할 대상을 명확하게 설정하기 위해 '시장세분화(Segmentation)', '타깃팅(Targeting)', '포지셔닝(Positioning)'이라는 중요한 프로세스를 익힌다.

1장의 정리 부분인 제4절에서는 자사가 노리는 위치(Position)를 확립하기 위한 '제품(Products)', '가격(Price)', '유통(Place)', '프로모션(Promotion)'이라는 마케팅의 네 가지 중요한 요소(4P)를 합리적으로 조합하여 마케팅 목표를 달성해 나간다.

제5절에서는 요즘처럼 물건이 잘 팔리지 않는 시대일수록 그 중요성을 더해 가는 '고객 유지(Retention)'의 관점에

서 '마케팅'을 살펴보는 한편, 기존의 고객을 지속적으로 유지할 수 있는 수단을 모색한다.

먼저 마케팅을 전반적으로 파악한 다음, 자신의 관심영역을 완전히 자기 것으로 만들어 그 지식을 구체적인 업무에 응용하는 순서로 이 장을 활용하면 큰 효과를 거둘 수 있으리라 생각한다.

1. 경영 속의 마케팅

1-1 마케팅의 정의

【마케팅이란?】

　사람은 항상 뭔가에 부족함(Needs)을 느끼고, 그것을 채워주는 특정한 물건에 대한 욕구(Wants)를 가지고 있다. 마케팅 연구의 제1인자로 불리는 필립 코틀러(P. Kotler)는 마케팅이란 "제품(물건, 서비스뿐 아니라 활동이나 아이디어도 포함)을 가치와 비용 등으로 판단하여 교환하는 행위를 통해 고객의 니즈와 욕구를 충족시키는 활동"이라고 설명한다.

【마케팅 컨셉(Marketing Concept)】

　마케팅 컨셉은 '기업이 수행하는 마케팅 활동의 기본적인 사고방식'으로, 이것은 시대와 함께 다음과 같이 변화하고 있다.

　①생산지향 컨셉 : 생산능률의 향상과 광범위한 유통에 노력을 집중하여 합리적인 경영의 실천을 중시하는 사고방식.

　②제품지향 컨셉 : 좋은 제품을 만들고 그 제품을 개량

마케팅 컨셉의 변천

사 회 지 향

생산
지향

제품
지향

판매
지향

마케팅
지향

해나가는 일에 모든 노력과 열정을 집중하는 사고방
식.

③판매지향 컨셉: 만들어 낸 물건을 어떻게 판매하는가
를 중시하는 사고방식.

④마케팅지향 컨셉: 표적 시장의 수요와 욕구를 정확하
게 파악하여 그것을 충족시키는 일을 중시하는 사고
방식.

⑤사회지향 컨셉: 기업 이익, 소비자 만족, 사회 이익이
서로 조화를 이루게 하려는 사고방식.

1-2 기업에서 마케팅의 역할

많은 기업들이 마케팅을 인사, 제조, 판매, 연구 등의 기업 활동 가운데 하나라고 생각한다. 경영전략이 기업레벨의 전략이라면, 마케팅 전략은 그 큰 목표를 달성하기 위한 하나의 개별전략이라 할 수 있다. 그러나 현대사회에서는 마케팅이 그 중요성을 더해가고 있다.

'만들기만 하면 팔리는' 시대에서는 마케팅의 비중이 낮을 수밖에 없었다. 하지만 요즘처럼 경쟁이 격화되고, 매출감소와 성장둔화가 지속되는 상황에서는 당연히 한정된 시장을 겨냥한 마케팅 기능의 중요성이 높아진다.

필립 코틀러는 기업 내에서 이루어지는 마케팅 기능에 대한 인식변화를 이렇게 설명한다. "처음에는 ①재무, 제조, 인사 등의 기능과 똑같은 비중으로 다루던 마케팅을 ②기업의 다른 기능보다 마케팅이 더 중요하다고 인식하게 되고 ③그 다음에는 마케팅이 가장 중요한 기능이고 그 나머지는 이것을 지원하는 기능으로 받아들이는 단계에 이른다. ④그러나 다른 부문의 반발로 인해 마케팅 대신 고객을 최우선으로 내세우게 된다. ⑤그리고 마지막으로 고객의 요구가 회사로 전달되려면 역시 마케팅 기능에

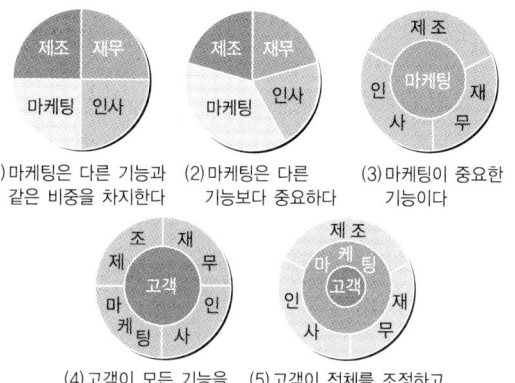

마케팅 역할에 대한 기업의 인식변화

(1) 마케팅은 다른 기능과 같은 비중을 차지한다

(2) 마케팅은 다른 기능보다 중요하다

(3) 마케팅이 중요한 기능이다

(4) 고객이 모든 기능을 조정한다

(5) 고객이 전체를 조정하고, 마케팅은 각 기능을 통합한다

출처: 필립 코틀러 《마케팅 매니지먼트》

주력해야 한다는 사실을 깨닫는다."

즉 고객을 제일로 생각하는 기업에서는 고객과 기업의 다른 부문을 연결시켜 주는 역할을 하는 마케팅 부문이 다른 부문에 대해 적절한 영향력을 행사한다. 또한 마케팅을 통해 얻어진 정보는 경영 전체에 커다란 영향력을 행사하게 된다.

1-3 마케팅 전략 수립 프로세스

마케팅의 정의와 역할에 대해 알았다면, 이제 '마케팅 관리를 실제로 계획하고 실천하려면 어떤 과정을 거쳐야 하는지'를 생각해 보겠다.

일반적으로 마케팅 프로세스는 ①마케팅 환경 분석 ②표적 시장 선정 ③마케팅 믹스(marketing mix)의 최적화 라는 단계를 거친다.

(1) 마케팅 환경 분석

마케팅 환경 분석이란 기업이 현재 처한 상황과 앞으로 발생할 수 있는 환경변화를 분석하는 작업이다. 환경 분석으로 얻어진 정보는 다음 과정인 표적 시장을 선정하는 자료로 활용된다.

(2) 표적 시장 선정

이 단계에서는 환경 분석에서 얻어진 정보를 바탕으로 시장을 세분화하여 표적 시장을 선정한다. 또한 선정한 표적 시장을 대상으로 경쟁사보다 매력적인 자사만의 특징을 보여 주어야 한다.

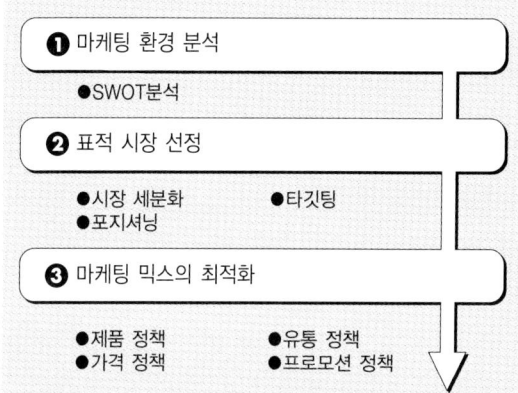

마케팅 전략 수립 프로세스

❶ 마케팅 환경 분석
 ●SWOT분석

❷ 표적 시장 선정
 ●시장 세분화 ●타깃팅
 ●포지셔닝

❸ 마케팅 믹스의 최적화
 ●제품 정책 ●유통 정책
 ●가격 정책 ●프로모션 정책

(3) 마케팅 믹스의 최적화

선정된 표적 시장을 대상으로 기업이 마케팅 목표를 달성하기 위해 여러 가지 수단(가격, 제품, 프로모션, 유통 등)을 효과적으로 구성히는 단계이다.

이제부터 이 마케팅 전략 수립의 순서에 따라 각 과정을 하나씩 상세하게 다루기로 한다.

2. 마케팅 환경 분석의 실시

2-1 마케팅 환경 분석

마케팅 환경 분석에서는 '기업이 현재 처한 상황과 앞으로 발생할 수 있는 환경변화에 대한 분석'을 실시한다.

【SWOT분석】

환경 분석의 대표적인 기법 가운데 하나로 'SWOT분석'을 들 수 있다. 'SWOT분석'은 경영전략을 수립할 때도 기업 레벨의 경영환경을 분석하는 데 사용하지만, 마케팅 전략에서는 그 사업에 대한 경쟁력 분석을 중심으로 실시한다.

SWOT분석에서는 먼저 경영환경을 내부환경과 외부환경으로 구분한다. 그 다음에 내부환경으로 자사의 강점(Strengths)과 약점(Weaknesses)을 찾아내고, 외부환경으로는 기회(Opportunities)와 위협(Threats)을 발견하여 이 정보들을 토대로 강점과 약점을 기회와 위협에 대응시킨다.

예를 들면, ①강점을 기회로 활용한다 ②위협을 회피하는 데 강점을 사용한다 ③약점을 극복하여 기회로 활용한다 등이다. 이에 따라 구체적인 전략과제가 확실하게 규정

SWOT분석		
	내부환경	외부환경
긍정적 요인	강점(S)	기회(O)
부정적 요인	약점(W)	위협(T)

경영환경요소		
외부	거시	인구통계학적 환경, 경제 환경, 기술 환경, 정치·법률 환경, 사회·문화 환경
	미시	고객, 경쟁업자, 공급업자, 중간매개업자
내부		기술력, 생산능력, 기업문화, 시장점유율, 인재, 자금력

되므로 사업추진의 방향성이 명확해진다.

【환경 분석에서 고려해야 할 요소】

그렇다면 기업의 환경요소란 구체적으로 무엇을 가리킬까? 먼저 외부환경은 미시적인 환경과 거시적인 환경으로 분류할 수 있는데, 미시적인 환경에는 ①고객 ②경쟁업자 ③공급업자 ④중간매개업자가 있고, 거시적인 환경에는 ①인구통계학적 환경 ②경제 환경 ③기술 환경 ④정치·법률 환경 등이 있다. 내부환경으로는 ①기술력 ②생산능력 ③기업문화 ④인재 ⑤자금력 등이 있다.

2-2 마케팅 리서치

외부환경 분석과 시장 세분화를 실행하기 위해 필요한 정보수집 수단으로 마케팅 리서치를 활용한다. 마케팅 리서치를 진행하려면 다음과 같은 순서를 거쳐야 한다.

(1) 조사 목적을 명확히 한다

유익한 조사 결과를 얻으려면 먼저 조사 목적을 명확하게 해 두어야 한다.

(2) 가설을 세운다

정보는 그 출처에 따라 ① 기업이 독자적으로 조사를 실시해서 수집한 1차 정보와 ② 제3자가 다른 목적으로 수집한, 기존에 있는 2차 정보로 나눌 수 있다. 이 단계에서는 효율성을 높이기 위해 기존의 2차 정보 등을 이용하여 자료를 수집하고, 결과에 대해 어떤 가설을 세우게 된다.

(3) 조사 방식을 결정한다

이 단계에서는 조사 대상자, 조사 방법, 질문 내용 등을 결정하여 설문지를 작성한다.

(4) 본 조사를 실시한다

설문지 회수율과 정확한 정보 수집에 주의를 기울이면서 조사를 실시한다.

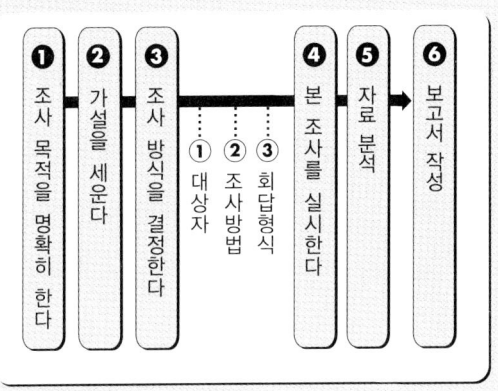

마케팅 리서치의 순서

❶ 조사 목적을 명확히 한다
❷ 가설을 세운다
❸ 조사 방식을 결정한다
　① 대상자
　② 조사방법
　③ 회답형식
❹ 본 조사를 실시한다
❺ 자료 분석
❻ 보고서 작성

(5) 자료 분석

분석의 수단으로는 ①도수분포표 ②평균치 ③표준편차 ④총량 집계 ⑤다변량 해석 등이 있다. 이 분석을 제대로 하지 못하면 그 자료는 아무 의미도 없다.

(6) 보고서 작성

마케팅 리서치의 목적은 사실을 '인식' 하는 데 있다. 보고를 받고 사실을 정확하게 '인식' 하는 것은 마케팅의 출발점인 동시에 가장 중요한 요소 가운데 하나다.

3. 표적 시장의 선정

3-1 표적 시장 선정① 시장 세분화(Segmentation)

표적 시장을 선정할 때는 ①시장 세분화(Segmentation) ②타깃팅(Targeting) ③포지셔닝(Positioning)의 세 가지 순서로 진행한다.

(1) 시장 세분화

시장 세분화란 불특정 다수의 고객을 마케팅 전략상 동질의 소집단으로 분류하는 작업이다. 이런 작업이 마케팅 전략에서 필요한 이유는 무엇일까? 사람은 각기 다른 욕구를 가지고 있으므로 한 개인의 욕구에 맞추어 상품을 제공하는 일은 매우 비효율적이다. 한 사람 한 사람의 수요에 모두 맞추어 제품을 생산한다면 그 상품의 가격은 엄청나게 비싸지므로 시장성이 없다. 그래서 시장 세분화라는 기법이 필요하다.

(2) 시장 세분화의 순서

①조사 단계 : 마케팅 리서치 등의 조사를 실시하여 충분한 정보를 확보한다.

시장 세분화의 기준	
지 리 적 기 준	지역, 인구밀도, 기후
인구통계학적 기준	연령, 성별, 가족 구성, 직업
심 리 학 적 기 준	사회계층, 생활방식, 성격
행 동 기 준	구매 상황, 사용 빈도, 사용자 상태, 구매 충성도

② 분석 단계 : 동질의 소집단으로 분류한다.

③ 프로필 정리 단계 : 각 집단을 특징짓는 요인을 정리한다.

(3) 시장 세분화의 기준

시장 세분화를 하는 보편적인 기준과 방법은 없지만 일반적으로 다음과 같은 변수를 적절히 조합하여 이용하는 경우가 많다.

① 지리적 기준(지역, 인구밀도 등)

② 인구통계학적 기준(연령, 성별, 가족 구성, 직업 등)

③ 심리학적 기준(사회계층, 생활방식 등)

④ 행동기준(구매 상황, 사용 빈도 등)

3-2 표적 시장 선정② 타깃팅(Targeting)

시장 세분화가 끝나면 곧바로 타깃팅으로 들어간다. 타깃팅이란 세분화한 시장에 대한 매력도를 평가하여 하나 또는 복수의 표적 시장을 선정하는 일이다.

(1)세분 시장의 평가
각 시장을 평가할 때는 다음 3가지 요인을 고려한다.
① 시장의 규모와 성장성을 평가한다.
② 시장의 구조적 매력도(수익성)라는 관점에서 평가한다.
③ 회사의 장기 목표와 필요한 자원과 기술이 있는지 평가한다.

(2)표적 시장의 선택
참여가치가 있는 세분 시장을 설정하는 방법에는 다음 3가지가 있다.
① 무차별 마케팅
    단일의 제품과 마케팅 믹스로 시장 전체를 하나의 통일체로 취급하여 전체 시장을 공략하는 방법이다.
② 차별적 마케팅

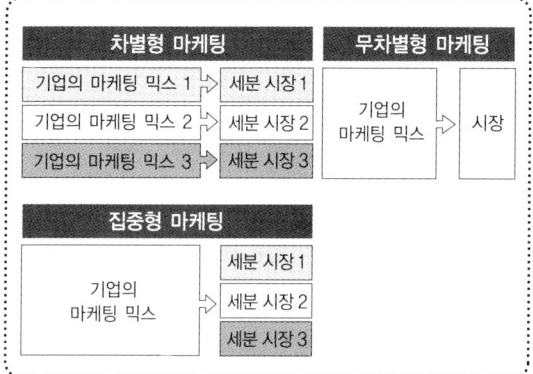

시장 세분화 전략의 전개

차별형 마케팅
기업의 마케팅 믹스 1 ⇨ 세분 시장1
기업의 마케팅 믹스 2 ⇨ 세분 시장2
기업의 마케팅 믹스 3 ⇨ 세분 시장3

무차별형 마케팅
기업의 마케팅 믹스 → 시장

집중형 마케팅
기업의 마케팅 믹스
세분 시장1
세분 시장2
세분 시장3

출처:필립 코틀러 《마케팅 원리》

복수의 세분 시장에 맞는 각각의 제품과 마케팅 믹스
를 구축하여 사업을 추진하는 방법이다.

③집중적 마케팅

하나 또는 제한된 소수의 세분 시장에 집중하여 그 시
장에 가장 적합한 제품과 마케팅 믹스를 제공하는 방
법이다.

3-3 표적 시장 선정③ 포지셔닝(Positioning)

선정한 표적 시장에서 경쟁사보다 자사의 매력을 더 부각시키기 위해서는 다른 회사에는 없는 차별적 우위성을 찾아내어 프로모션을 해야 한다. 이렇게 하려면 선정된 각 표적 시장에 맞는 포지셔닝 컨셉을 명확하게 설정하고, 선정된 포지셔닝 컨셉을 소비자에게 전달해야 하는데 이것이 포지셔닝이다. 즉 포지셔닝이란 자사의 제품과 브랜드가 소비자의 마음 속에 다른 회사의 것보다 차별화된 위치에 자리매김하는 것을 의미한다. 주요한 차별화 기법은 다음과 같다.

①제품의 차별화:기능, 특성, 성과, 품질, 성능, 내구성, 신뢰성 등

②서비스의 차별화:제품 인도, 설치, 훈련 등

③사원의 차별화:능력, 친절도, 신뢰도, 민첩한 대응 등

④이미지의 차별화:심벌, 활자매체, 이벤트 등

이렇게 포지셔닝 기준을 정해 경쟁사의 제품과 차별화했다면 그 다음에는 이 차별화된 위치를 확립하는 전략을 실행한다.

예컨대 포지셔닝 기준을 결정함에 있어 자사의 강점이

예 : 아로마테라피 상품

고급품

외국 화학업체

개발상품(전문점)

할
인
점

전
문
점

국내 제조업체

보급품

낮은 비용인지 아니면 높은 브랜드 이미지인지를 정확하게 파악하는 작업은 아주 중요하다. 이 기준을 토대로 가장 적절한 조합을 선정해야 하기 때문이다. 실제로 포지셔닝을 검토할 때에는 두 개의 기준을 정해 2차원 지도를 그려서 자사와 타사 제품의 위치를 설정한 다음 전략을 검토해야 한다.

4. 마케팅 믹스의 구축

━━━ **4-1** 마케팅 믹스란?

자사가 공략해야 할 위치가 분명해졌다면 이제 그 위치를 확립하기 위한 최적의 마케팅 믹스를 책정해야 한다.

마케팅 믹스란 기업이 표적 시장에서 마케팅 목표를 달성하기 위해 마케팅에 활용되는 여러 수단을 구성하고 조정하는 일이다. 마케팅 수단은 일반적으로 제품(Product), 가격(Price), 유통(Place), 프로모션(Promotion)으로 분류하는데 이를 4P라고 한다.

이 단계에서는 4P에 해당하는 각 요소들을 조합하여 마케팅 목표를 얼마나 효율적으로 달성하는지가 핵심이다.

(1) 제품 정책

선정된 표적 시장에서 기업이 어떤 제품들을 취급할지를 결정한다. 또한 취급할 제품의 폭, 깊이 등 품목에 대해 구체적으로 설정한다.

(2) 가격 정책

제품의 가격을 설정하는 작업에는 제품의 가치를 고객에게 표시한다는 측면과 이익을 직접 창출한다는 두 가지

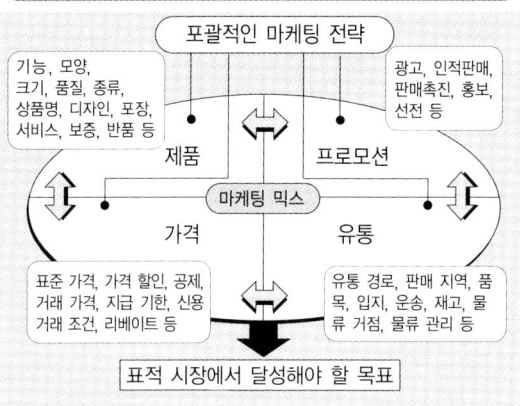

마케팅 믹스의 구축

포괄적인 마케팅 전략

기능, 모양, 크기, 품질, 종류, 상품명, 디자인, 포장, 서비스, 보증, 반품 등

광고, 인적판매, 판매촉진, 홍보, 선전 등

제품

프로모션

마케팅 믹스

가격

유통

표준 가격, 가격 할인, 공제, 거래 가격, 지급 기한, 신용 거래 조건, 리베이트 등

유통 경로, 판매 지역, 품목, 입지, 운송, 재고, 물류 거점, 물류 관리 등

표적 시장에서 달성해야 할 목표

중요한 의미가 들어 있다.

(3) 유통 정책

유통 정책에서는 제품이 최종 소비자에게 도달하기까지 어떤 경로(유통업자)를 이용해야 가장 효율적인가를 설정한다.

(4) 프로모션 정책

소비자에게 제품을 홍보하는 가장 적합한 수단을 설정한다.

4-2 제품정책① 제품 분류와 제품 믹스

    제품정책을 고려할 때는 먼저 제품의 종류부터 정의해야 한다. 그런 다음 어떤 식의 조합(믹스) 설정이 표적 시장에서 가장 효과적인지를 검토한다.

(1) 제품 분류

    제품을 용도별로 분류하면 생산재(제품생산으로 이익을 올리기 위한 기업에서 소비, 사용하는 제품)와 소비재(최종소비자가 개인적 소비를 목적으로 구매하는 제품)로 나눌 수 있다. 소비재는 소비자의 구매 습관에 따라 다시 다음 3가지로 나뉜다.

  ① 편의품 : 구매빈도가 높은 물품으로 가격이 저렴하여 습관적으로 가까운 가게에서 구입하는 생활필수품(식료품, 일용품 등)

  ② 선매품 : 구매 빈도가 낮고 계획적으로 구매하기 때문에 구입 장소를 비교, 검토한 후 결정하는 제품(옷, 책, CD, 가방 등)

  ③ 전문품 : 구매빈도가 대단히 낮고 가격도 비싸서 계획적으로 구입하는 제품(자동차, 가구, 가전제품 등)

제품의 구매 습관에 따른 분류		
분 류	특 징	예
편의품	습관적 구매	식료품, 생활용품 등
선매품	비교 구매	옷, 책, CD, 가방 등
전문품	브랜드 지명도로 구매	자동차, 가구, 전자 제품 등

(2) 제품 믹스

판매하는 쪽에서 제공하는 제품 라인(제품의 종류, 업체에서 분류한 그룹)과 품목(색, 크기, 가격별로 분류한 그룹)의 모든 조합을 가리킨다. 이 조합의 기준으로는 다음의 네 가지가 있다.

① 폭(Breadth, 제품 라인의 수)

② 길이(Length ,제품 믹스에 포함된 전체 품목 수)

③ 깊이(Depth, 특정 제품 계열 내에 있는 한 제품이 창출해 내는 품목의 수)

④ 일관성(각 제품 라인 사이의 연관성)

4-3 제품정책② 제품수명주기(Product Life Cycle)

시장에 도입된 신제품의 매출 규모는 보통 도입기, 성장기, 성숙기, 쇠퇴기를 거쳐 S자 형태로 변화한다. 제품이 시장에 나온 이후 사라질 때까지 거치는 일련의 추이를 제품수명주기라고 하는데 각 단계별로 마케팅 믹스도 달라진다. 다음은 제품수명주기의 4단계이다.

①도입기:수요는 적으나 서서히 매출이 증가한다. 신제품에 대한 인지도를 높이는 한편 시장 개발에 주력하기 때문에 마케팅 비용이 많이 들어 이익이 창출되기 어려운 기간이다.

②성장기:수요가 커지고 매출도 급속하게 증대된다. 제품이 널리 알려져 시장도 확대되지만 그만큼 경쟁도 심해진다. 신제품에 투자한 비용을 회수하는 단계에 돌입한다.

③성숙기:대부분의 소비자가 제품을 구매하여 사용하므로 시장은 포화상태에 도달한다. 매출이 정체되다가 조금씩 떨어진다. 제품의 기능보다 판매촉진이나 포장 등으로 차별화를 꾀한다.

④쇠퇴기:매출과 이익이 급속하게 감소하는 시기이다.

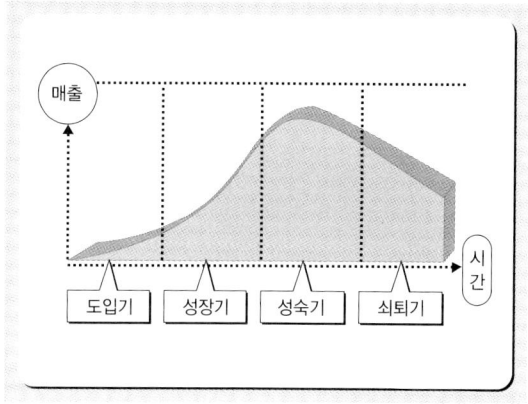

제품수명주기

매출

도입기　성장기　성숙기　쇠퇴기

시간

그 제품을 폐기하거나 새로운 마케팅 전략을 짜내는 등의 획기적인 방안이 필요한 시기다.

　기업은 이런 제품의 주기를 고려하여 각 제품의 시기에 맞는 마케팅 믹스를 구사해야 한다.

　하지만 모든 제품이 이런 주기로 변화하는 것은 아니다. 제품력이 없어서 도입 후 곧바로 쇠퇴하는 제품이 있는가 하면 보급이나 쇠퇴의 흐름이 급격한 유행상품도 있다. 최근에는 기술혁신의 속도와 소비자의 기호 변화가 빨라지면서 제품의 수명주기가 점점 짧아지고 있다.

제품정책③ 브랜드 정책

브랜드 정책이란 브랜드가 지닌 명칭이나 디자인 등의 '기호'를 소비자에게 인지시켜 ①상품에 독자성을 부여하고 ②상품의 특징을 법적으로 보호하며 ③상품의 품질을 확실하게 보장하는 등의 역할을 한다.

좀더 구체적으로 기술하면 기업의 측면에서 볼 때 브랜드는 ①고정고객을 만들 수 있고 ②부가가치를 높일 수 있으며 ③유통 교섭력을 가지며 ④판매 노력을 최소화할 수 있는 효용이 있다.

한편 소비자의 측면에서 살펴보면 ①선택하는 데 드는 노력을 덜 수 있고 ②선택하는 시간을 줄일 수 있으며 ③그 제품을 안심하고 사용할 수 있다는 등의 효용이 있다.

【브랜드를 구축하는 과정】

①브랜드 설정 여부를 결정:브랜드를 설정할지 브랜드 없이(No-Brand) 진행할지를 결정한다.

②브랜드 소유자를 결정:제조업자가 브랜드를 설정할지(내셔널브랜드), 유통업자가 브랜드를 설정할지 또는 동일한 제품에 대해 양자가 브랜드를 설정할지를 결정한다.

브랜드의 장점

기업의 측면에서 본 장점	소비자의 측면에서 본 장점
❶ 고정고객을 만들 수 있다	❶ 선택하는 수고를 줄인다
❷ 부가가치를 얻을 수 있다	❷ 선택하는 시간을 줄인다
❸ 유통 교섭력이 생긴다	
❹ 판매 노력을 최소화 할 수 있다	❸ 제품을 안심하고 사용할 수 있다

③통일 브랜드에 관해 결정 : 회사 전체에 공통된 브랜드 (통일 브랜드)로 할지, 각 제품별로 다른 브랜드(개별 브랜드)로 할지를 결정한다.

④복수 브랜드에 관해 결정 : 동일 제품라인에 복수의 브랜드를 설정할지, 단일 브랜드로 할지를 결정한다.

4-5 가격정책

가격은 그 상품의 가치를 소비자에게 표시하는 한편 기업의 이익을 직접 창출한다는 2가지 측면이 있다. 또한 가격정책의 목적은 '기업 이익을 장기적으로 극대화' 시키는 데 있다. 이처럼 가격은 기업 활동에서 중요한 부분을 담당하는데 여기에서는 특히 가격의 설정 방법을 중심으로 설명하겠다.

【가격 설정법】

가격을 설정하는 방법은 비용면, 수요면, 경쟁면으로 나눌 수 있다.

(1) 비용 지향의 가격 설정법

① 이윤 가산 가격 설정(Mark-Up Pricing) : 유통업자가 제품구입원가에 이윤을 더해 판매 가격을 설정한다.

② 원가 가산 가격 설정(Cost Plus Pricing) : 제조업자가 총비용에 마진(margin)을 더해 판매 가격을 결정한다.

③ 목표 가격 설정(Target Return Pricing) : 예상되는 사업 규모를 토대로 일정한 이익이 확보될 수 있도록 가격을 책정한다.

(2) 수요 지향의 가격 설정법

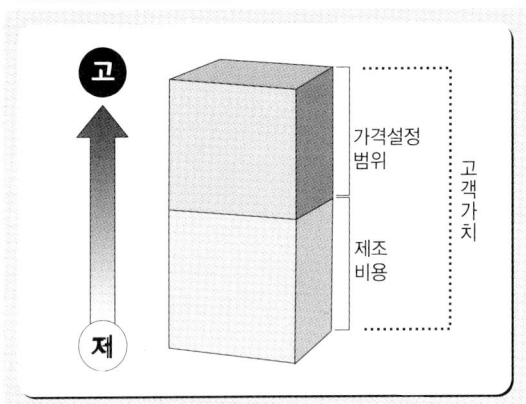

가격전략

고

가격설정
범위

제조
비용

고객가치

제

①심리적 가격 설정 : 가격에 대한 소비자의 인식을 고려
   하여 가격을 책정한다.
②수요 가격 설정 : 고객층이나 계절 등의 수요에 영향을
   주는 특성별로 가격을 다르게 책정한다.
(3)경쟁 지향의 가격 설정법
①실세형 가격 설정 : 경쟁사 제품의 가격과 비교하여 제
   품 가격을 책정한다.
②입찰 가격 설정 : 주문이나 청부계약처럼 입찰로 수주
   를 결정할 때 가격을 설정하는 방법이다.

4-6 유통정책① 유통 믹스

유통이란 제품이나 서비스가 제조업자에서부터 최종 소비자에 이르기까지 거치게 되는 과정, 경로를 말한다.

【유통 믹스】

유통은 길이(마케팅 경로의 단계 수), 폭(유통업자의 이용 수), 결합 형태(수직적 마케팅 시스템)에 따라 분류할 수 있다.

(1) 길이에 따른 분류

① 무단계형 경로(제조업자와 소비자가 직접 거래하는 경로)

② 일단계형 경로(제조업자와 소비자 사이에 소매업자가 들어간 경로)

③ 다단계형 경로(제조업자와 소비자 사이에 소매업자와 도매업자가 들어간 경로)

(2) 폭에 따른 분류

① 개방적 유통정책(중간업자의 수를 한정하지 않고 거래를 희망하는 모든 판매업자에게 유통시키는 경로를 취하는 정책)

② 선택적 유통정책(자격조건에 맞는 판매업자에게만 제품을 유통시켜 유통업자의 수를 적절하게 조절하는 정책)

③ 전매적 유통정책(중간업자의 수를 특정지역에 한 업자로 한정하여 그 업자에게만 유통시키는 정책)

(3) 결합 형태에 따른 분류

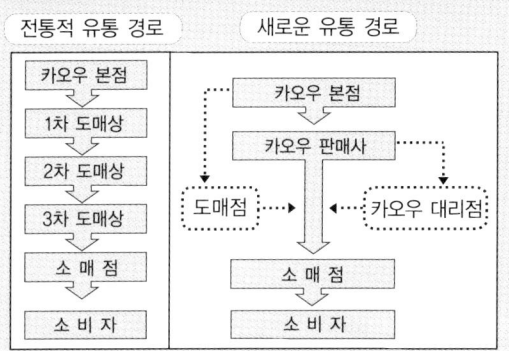

카오우 대리점: 판매사의 직영 도매점. 도매점은 판매사의 조직이 아닌 종래의 도매점

①기업 시스템(동일한 자본을 바탕으로 제조와 판매의 모든 단계를 수직적으로 결합하는 방법),

②계약 시스템(독립적인 기업들이 상호 경제적 이익을 얻기 위해 계약을 체결하고, 그 계약에 따라 수직적 통합을 하는 방법),

③관리 시스템(제조회사, 도매상, 소매상 등의 구성원들이 자주성을 유지하면서 유연하게 결합하는 방법)이 있다.

유통 믹스란 이렇게 분류된 경로를 기업이 각 제품의 품질에 맞추어 정책을 구성하는 작업이다. 예컨대 A제품은 폭을 좁히는 대신 길이를 늘이고, B제품은 길이를 짧게 하는 대신 폭은 넓히는 식이다.

4-7 유통정책② 유통 관리

유통정책에서는 어떤 유통 믹스를 구사할지를 결정하는 일 못지않게 유통 경로 내의 관리 상황이 중요한 요소로 작용한다. 유통 경로를 관리하는 데는 경로 리더의 역할과 역학관계가 전체 유통 경로의 단결력에 영향을 준다.

【경로 파워】

경로 파워란 경로 리더가 유통 경로 안에서 행사하는 통솔력을 말한다. 경로 파워에는 다음과 같은 종류가 있다.

①보수 파워 : 유통 구성원에게 보수를 주는 능력

②제재 파워 : 유통 구성원에게 제재를 가할 수 있는 능력

③정당성 파워 : 유통 구성원을 지도, 통제할 수 있는 당연한 권리

④일체화 파워 : 구성원의 일원으로서 누릴 수 있는 매력

⑤전문적 지식 파워 : 전문적 지식력, 정보력

【경로 갈등】

경로 갈등이란 유통 경로 구성원 사이에서 이해가 상충하여 일어나는 충돌을 말한다. 이와 관련된 3가지 예는 다음과 같다.

①수직적 대립 : 서로 다른 단계에 있는 경로 주체들 사

경로 갈등과 경쟁		
대립형태	대립이 발생하는 단계	사 례
수직적 대립	유통 경로 안에 서로 다른 단계에 있는 구성원들 사이에서 발생하는 대립. 서비스와 가격 등	●제너럴 모터스와 딜러 ●코카콜라와 보틀러 (병 공급업자)
수평적 대립	유통 경로 내 동일한 단계에 있는 구성원 사이에서 발생하는 대립. 서비스와 품질	●포드사의 딜러들 ●피자인(Pizza Inn)의 프랜차이즈 가맹점들
복수 경로간 대립	서로 경쟁관계인 복수 유통 경로 사이에서 발생하는 대립. 기존의 유통 경로와 신규 유통 경로 사이의 관계	●리바이스(Levis)와 전문 유통 경로(할인점으로 판매를 확대할 때 전문점이 반대)

이에서 발생하는 대립

②수평적 대립 : 유통 경로의 동일한 단계에서 발생하는 대립

③복수 경로간 대립 : 서로 경쟁관계에 있는 복수의 유통 경로 사이의 대립

이런 경로 갈등을 해결하는 일 또한 경로 리더가 해야 할 일 가운데 하나다. 먼저 이런 갈등이 발생하는 원인으로 목표의 불일치, 역할 인식의 차이, 현실 이해에 대한 차이 등을 들 수 있다.

4-8 프로모션(Promotion) 정책

목표 고객의 니즈에 일치하는 좋은 상품이 있다 해도 그
에 대한 정보를 고객에게 제대로 전달하지 못하면 그 물건
은 팔리지 않는다. 이때 프로모션이 상품의 존재와 효용,
장점 등을 시장에 전달하는 역할을 한다.

【프로모션 믹스】

프로모션 믹스란 광고, 홍보, 인적판매, 판매촉진이라는
네 가지 활동을 합리적으로 결합하는 기법을 말한다. 각
활동에는 다양한 요소가 포함되어 있다(상세한 내용은 표
를 참조).

【AIDMA이론】

AIDMA란 소비자의 구매심리 과정을 나타낸 것으로
A(Attention : 주의) → I(Interest : 흥미) → D(Desire : 욕구)
M(Memory : 기억) → A(Action : 행동)를 가리킨다. 소비자는 어
떤 물건을 주목하여 그것에 흥미를 느끼면 갖고 싶다는 욕
구를 일으키고 이 욕구를 기억하여 구매 행동을 한다. 이
것이 소비자의 구매 심리다.

프로모션 전략

프로모션 믹스 요소		
광고	텔레비전, 라디오, 신문, 잡지 등을 통해 비용을 지불하면서 주로 일반대중을 대상으로 한 프로모션 기법	
홍보	텔레비전, 신문, 잡지 등에 뉴스나 기사 등 원칙적으로 비용이 들지 않는 공적인 미디어를 활용. 기업의 통제가 불가능하다.	
인적판매	개별 소비자를 대상으로 기업 판매원의 접촉이나 시연 등의 양방향 커뮤니케이션을 행하는 촉진 활동.	
판매촉진	회사 내의 판매촉진	사내 경연대회나 판매회의 등 조직 내부의 판매의식을 고양하여 판매기술을 높이기 위해 실시한다.
	판매업자를 대상으로 한 판매촉진	판매경쟁이나 경영지도 등을 통해 판매점에게 단순한 촉진 활동이 아니라 판매점 매출신장을 지원하기 위해 실시한다.
	소비자를 대상으로 한 판매촉진	샘플링, 실연판매, 할인권 등 우리 일상생활에서 흔히 이루어지는 활동으로 비교적 짧은 기간 안에 효과를 높일 수 있는 기법이다.

이 사실을 의식하면 효과적인 프로모션 믹스를 실현할 수 있다. 예를 들면 현재 A나 I의 단계라면 광고를 중심으로 하는 풀 전략을 사용하고, D나 M 단계에서는 인적 판매를 중심으로 하는 푸시 전략을 실행하는 편이 훨씬 효과적이다.

4-9 경쟁우위의 마케팅 믹스

마케팅 믹스를 총 정리하는 의미에서 이 부분에서는 기업이 시장에서 처한 상황에 따라 어떤 행동을 취해야 하는지에 대해 설명하겠다. 기업이 시장을 장악하는 형태가 주도적인지, 도전적, 모방적 또는 한정적인지에 따라 마케팅 전략의 기법도 달라진다.

(1) 리더(Leader)

리더 기업이란 업계에서 최대의 시장 점유율을 차지하는 기업이다. 리더 기업은 풍부하고 우수한 양질의 경영자원을 보유하고 있으므로 현재의 위치와 규모의 경제성을 이용한 전방위 전략을 실시한다.

(2) 시장 도전자(Challenger)

리더를 쫓는 기업으로서 업계에서 2, 3위의 지위에 있는 기업이다. 따라서 시장 도전자 기업은 기본적으로 리더 기업과는 다른 차별화 전략을 구사한다.

(3) 시장 추종자(Follower)

다른 기업을 뒤따르는 기업으로 경영자원의 질이 낮고 양도 적다. 기본 전략은 모방전략을 행한다.

(4) 시장 틈새공략자(Nicher)

경쟁지위별 경쟁 대항 전략

경쟁 지위	경쟁 대항 전략			
	전략 과제	기본 전략방침	전략 도메인	전략 정석
마켓 리더	시장 점유율, 이윤, 명성	전방위형 (orthodox) 전략	경영이념 (고객 기능 중심)	주변수요확대, 동질화, 가격파괴 대응, 최적의 시장점유율
시장 도전자	시장점유율	리더와의 차별화 (비orthodox) 전략	고객 기능과 독자 능력을 집중 (리더에 비교하여)	위의 전략 이외의 정책 (리더가 할 수 없는 일)
시장 추종자	이윤	모방 전략	통속적 이념(좋은 물건을 싸게 등)	리더, 도전자 정책의 관찰과 민첩한 모방
시장 틈새 공략자	이윤, 명성	제품, 시장의 특화 전략	고객 기능, 독자 능력, 대상시장의 압축	특정시장 내에서 미니 리더 전략

출처 : 시마구치 미쓰아키 《전략적 마케팅의 논리》

틈새(Niche) 시장을 대상으로 전문화를 꾀하는 형태로 자원이 한정된 소규모 기업이다. 기본적으로 특정 세분 시장에 집중하는 전문화 전략을 꾀한다.

5-1 릴레이션십 마케팅

현재는 시장이 성숙화에 들어선 단계이므로 새로운 고객을 창출하기가 무척 어려운 상황이다. 또한 신규고객을 개척하려면 광고 등의 비용이 들기 때문에 기존의 고객을 유지하는 편이 더 효율적이다. 이런 배경에서 생겨난 마케팅 기법이 릴레이션십 마케팅(Relationship Marketing)이다. 릴레이션십 마케팅이란 기존 고객과의 '장기적인 관계형성'을 중시하여 고객을 유지하기 위한 체계와 조직형태를 정보기술적인 면에서 활용하여 실현하는 고객유지전략이다.

이제까지 해 오던 불특정 다수 고객을 대상으로 한 단기적인 거래와 판매 중심의 마케팅 전략(Mass Marketing)은 높은 매출과 시장점유율의 확대를 목표로 삼았지만, 릴레이션십 마케팅에서는 고객 수를 늘리기보다 회사나 제품이 고객의 요구에 얼마나 부응하는지, 고객의 욕구를 얼마나 만족시킬 수 있는지를 중시한다.

이러한 릴레이션십 마케팅에서 중요한 지표로 삼는 것이 바로 고객생애가치(Life Time Value)이다. 고객생애가치는

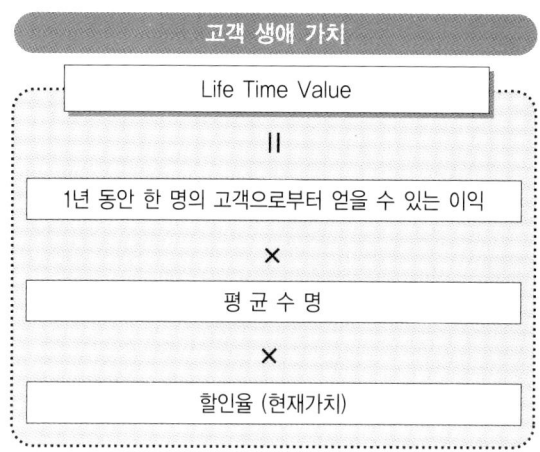

고객 생애 가치

Life Time Value

||

1년 동안 한 명의 고객으로부터 얻을 수 있는 이익

×

평 균 수 명

×

할인율 (현재가치)

한 사람의 고객이 평생 동안 소비하는 상품의 현재 가치를 말한다.

또한 릴레이션십 마케팅에 고객 차별화라는 기법을 구사한다. 구입빈도, 구입금액 등에 따라 고객을 나누어 각기 다른 마케팅 기법을 적용하는 방법이다. 고객 차별화를 꾀함으로써 고객과 장기적인 관계를 형성하는 한편, 고객은 단계가 올라감에 따라 판매하는 쪽과의 신뢰관계와 충성도가 깊어진다. 또한 기업은 자신에게 중요한 고객이 누구인지 파악할 수 있게 된다.

제 2 장

크리티컬 싱킹
(CRITICAL THINKING)

정보화가 진전되고 있는 현대 사회에서는 정보를 쉽게 얻을 수 있게 된 반면, 넘쳐나는 정보 속에서 자신에게 필요한 내용만을 가려내어 적절한 의사결정을 내리기는 어려워졌다. 따라서 정보를 찾아내는 능력보다 필요한 정보를 가려낼 수 있는 능력이 더욱 중요하게 되었다. 권위나 겉모습에 현혹되거나 주위 사람의 의견으로 사물을 평가하고 판단하는 등 사물을 단순화하여 그릇된 판단을 내리는 실수를 범하지 않도록 이번 장에서는 선입관을 버리고 사물을 논리적, 다면적으로 보는 사고법에 대해 알기 쉽게 설명하겠다.

먼저 제1절에서는 '크리티컬 싱킹'의 정의를 내리고, 비판적 사고법과 일상 업무와의 관련성을 설명한다.

제2절에서는 논리전개방식의 기본형인 연역법과 귀납법에 관해 배우고, 설득력이 있는 설명이란 무엇인지를 확인한다.

제3절에서는 일상의 세계에서 기존의 틀, 또는 과거의 경험에 얽매이지 않고 냉정한 판단을 내리게 하는 제로 베이스(Zero base) 사고를 알아본다.

제4절에서는 논리적인 사고를 더욱 깊이하고, 최선의 문제 해결책을 얻기 위해 필요한 문제점 발견과정, 즉

'Why를 반복하는 작업의 중요성'에 대해 배우기로 한다.

제5절에서는 해결안에 이르기까지의 전제조건과 선택조건을 완벽하게 준비하기 위한 철칙 '중복 없이, 누락 없이(MECE)'의 사고방식을 소개한다.

제6절에서는 3C와 마케팅의 4P 등 비즈니스 상에서 'MECE'를 사용하기에 적합한 경영이론과 프레임 워크(Frame Work) 사고를 소개한다.

제7절에서는 논리적인 설명을 '문서'로 작성하는 법칙으로서 피라미드 구조를 소개하고, 문서를 읽는 사람이 이해하기 쉽도록 효율적인 설명을 하는 방법을 익힌다.

제8절에서는 앞의 절에서 배운 법칙을 적용시키면서 최종적인 답을 이끌어내는 '로직 트리(Logic tree)'라는 사고법에 대해 설명한다.

1. 크리티컬 싱킹의 정의

1-1 크리티컬 싱킹이란?

【크리티컬 싱킹의 정의】

크리티컬 싱킹이란 쉽게 말해 '사물을 객관적, 논리적으로 생각하고 그것을 상대방에게 알기 쉽게 전달하기 위한 사고방법'이다. 즉 사실이나 정보를 바탕으로 자신의 머릿속에서 추론하여 결론을 도출하는 사고법을 가리킨다.

【'비판적(Critical)'으로 생각한다】

크리티컬 싱킹을 시작한다는 것은 문제의 본질을 간파하려는 노력을 하기 시작했다는 뜻이다. 우리는 눈에 보이는 문제에만 대처하는 경향이 있다. 화재가 발생했을 때는 당연히 불을 꺼야 한다고만 생각한다. 그러나 여기에서 한 발 더 나아가 '왜 화재가 발생했을까?', '왜 이 지역에서 화재가 자주 발생할까?', '어떻게 하면 화재를 줄일 수 있을까?'에 대해 사고를 전개하려는 노력이 크리티컬 싱킹의 출발점이다.

【크리티컬 싱킹을 업무에 활용한다】

이 책에서 크리티컬 싱킹을 위와 같이 정의했는데 이는

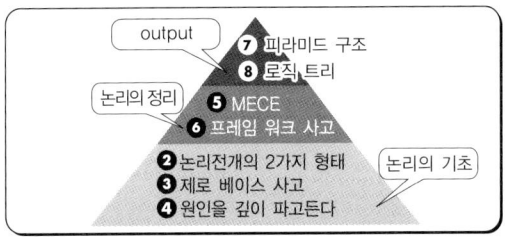

크리티컬 싱킹이란?

critical
● 비평의, 평론의 - 비판적인, 흠을 잡는
● 중대한, 결정적인
(엣센스 영한사전에서)

크리티컬 싱킹
● 사물을 있는 그대로 받아들이지 않고 논리적으로 자신의 머리로 생각하여 결론을 도출한다!

일상 업무에서 크리티컬 싱킹을 실천한다

output
❼ 피라미드 구조
❽ 로직 트리

논리의 정리
❺ MECE
❻ 프레임 워크 사고

❷ 논리전개의 2가지 형태
❸ 제로 베이스 사고
❹ 원인을 깊이 파고든다

논리의 기초

'실제로 업무현장에서 활용하는 것'을 최종적인 목적으로 두고 내용을 구성했기 때문이다. 먼저 사물을 논리적으로 생각하는 기초적인 사고법을 기술한 다음 크리티컬 싱킹의 기초에 대해 설명하겠다. 그리고 크리티컬 싱킹을 문서나 프레젠테이션 등의 업무에 활용하는 방법과 업무상에서 문제가 발생했을 때 해결법을 도출하는 과정도 알아보기로 한다.

2. 논리전개의 형태

2-1 논리전개의 2가지 형태 〈연역법과 귀납법〉

【논리를 전개하는 2가지 형태】

　일상생활에서는 다른 사람과 의사소통을 하면서 상대방의 이야기가 이해가 되지 않는다거나 자신이 말하고자 하는 의미가 상대에게 제대로 전달되지 않는 등의 문제가 발생하기도 한다. 이는 대부분 논리전개가 제대로 이루어지지 않는 데 원인이 있다. 논리전개란 자신이 전달하고자 하는 내용의 논리를 가리키는 말로 이것이 체계적이지 못하면 상대방에게 자신의 의도를 정확히 전달할 수 없다. 여기에서는 논리전개의 두 가지 기본형인 연역적 논리전개와 귀납적 논리전개에 관해 설명하겠다.

【연역적 논리전개란?】

　연역적 논리전개란 일반적으로 3단 논법의 형태로 나타난다. 이는 먼저 사실(전제)이 있고, 여기에서 해석을 통해 결론이 도출되는 논증형식으로 ①먼저 일반적인 사실(법칙)을 내세운다, ②그 사실에 관련된 상황(관찰 사항)에 관해 기술하고, ③이상의 두 가지 정보가 의미하는 사실을 해

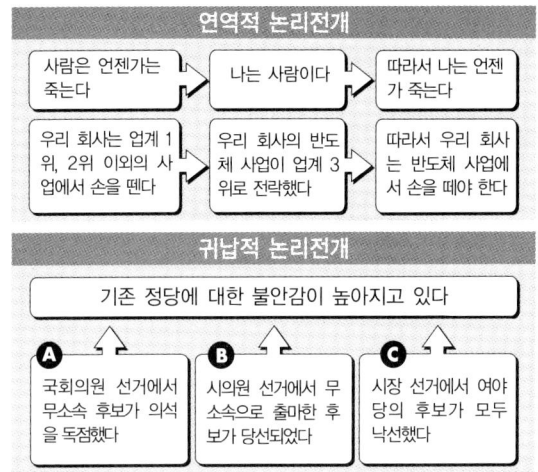

연역적 논리전개

| 사람은 언젠가는 죽는다 | → | 나는 사람이다 | → | 따라서 나는 언젠가 죽는다 |

| 우리 회사는 업계 1위, 2위 이외의 사업에서 손을 뗀다 | → | 우리 회사의 반도체 사업이 업계 3위로 전락했다 | → | 따라서 우리 회사는 반도체 사업에서 손을 떼야 한다 |

귀납적 논리전개

기존 정당에 대한 불안감이 높아지고 있다

A 국회의원 선거에서 무소속 후보가 의석을 독점했다

B 시의원 선거에서 무소속으로 출마한 후보가 당선되었다

C 시장 선거에서 여야 당의 후보가 모두 낙선했다

석하고 설명하는(결론) 순서로 전개된다.

즉 관찰사항을 법칙에 비교 대조하여 '따라서'라는 접속어로 결론을 유추하는 논리전개 형태다.

【귀납적 논리전개란?】

귀납적 논리전개란 여러 가지 관찰 사실이나 의견의 유사점에서 결론을 도출하는 방법이다. 즉 '관찰한 정보의 공통성에서 이끌어낼 수 있는 결론을 찾는 작업'이 필요하다. 그러므로 귀납법의 결론은 대체로 '……일 것이다', '……인 것 같다'라는 추측의 형태를 취하게 된다.

3. 제로 베이스 사고

제로 베이스 사고란?

제로 베이스 사고란 기존의 틀에 얽매이지 않는 사고를 말한다. 즉 자신의 상식이나 기존 개념에서 벗어나 생각의 틀을 넓혀 새로운 가능성을 모색하는 사고법이다. 과거의 성공체험이나 자신의 회사 또는 부서의 상식에 사로잡혀서 기존의 경험이나 상식을 바탕으로 한 발상밖에 할 수 없다면 그 틀 바깥에 존재하는 문제해결의 열쇠를 발견하지 못하고 지나치게 된다.

【기존의 틀 안에 갇힌 사고는 논리적 사고를 방해한다】

예컨대 '매출이 떨어진다' → '영업사원들이 의욕이 없다. 더욱 분발하라', '업무효율이 떨어진다' → '좀더 집중해서 일하라' 는 식의 대화에는 뭔가 중요한 것이 빠져 있다. 여기에서는 매출이 떨어지는 현상이 왜 영업사원의 탓인지에 대한 설명은 전혀 없이 단순히 문제에 대한 반사적인 해답만 제시하고 있다. 이는 원인을 파고 들어가서 구체적인 해결책을 생각해내려고 하기보다 '지금까지도 그랬으니까' 라는 기존의 틀에서 해답을 이끌어냈기 때문이

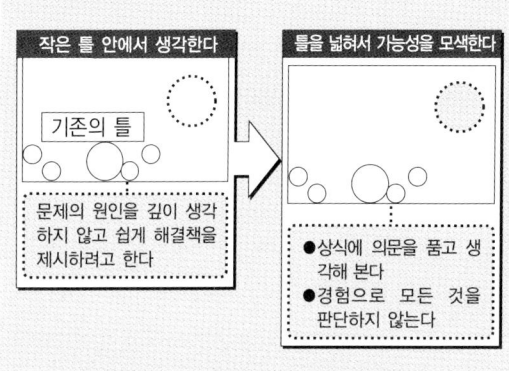

제로 베이스 사고

작은 틀 안에서 생각한다

기존의 틀

문제의 원인을 깊이 생각
하지 않고 쉽게 해결책을
제시하려고 한다

틀을 넓혀서 가능성을 모색한다

● 상식에 의문을 품고 생
  각해 본다
● 경험으로 모든 것을
  판단하지 않는다

출처: 사이토 요시노리 《문제해결의 전문가 – 사고와 기술》

다. 이런 기존의 틀을 없애고 원인을 찾기 위해 좀더 넓고 깊게 파고 들어갈수록 새로운 해결책을 발견할 수 있는 가능성이 높아진다.

【이용자의 가치와 제로 베이스 사고】

제로 베이스 사고를 구체적으로 실천하는 비결은 소비자의 관점에서 생각하는 자세다. '이용자(고객)가 무엇을 원하는가' 라는 출발점에서 사고하고 여기에서 떠오른 착상을 곧바로 '이것은 불가능하다' 라는 '상식' 으로 판단하지 말고 틀 바깥에 존재하는 가능성을 항상 염두에 두어야한다.

4. 원인 규명

4-1 원인을 폭넓고 깊게 파고든다
〈'왜'를 반복하는 작업의 중요성〉

【원인 규명의 필요성】

앞의 '제로 베이스 사고'에서 설명했듯이 단순히 결과에서 해결책을 찾아내려고 하면 같은 문제가 되풀이되는 결과만 초래할 뿐이다. 문제의 근본적인 원인을 찾아내어 그 원인에 맞는 해결책을 세워야만 같은 문제가 재발하지 않는다. 그러나 원인에 대해 폭넓고 깊게 생각하는 작업이 불충분하다면 표면적인 문제밖에 해결하지 못한다. 예를 들어 '요즘 들어 위가 쓰리다'고 해서 위장약을 복용하면 그 순간의 통증은 없앨 수 있지만 얼마 지나지 않아 또 다시 같은 통증을 느끼게 될 것이다. 위통의 근본적인 원인을 생각하고 그에 대한 해결책을 세워야만 한다.

【넓은 시야로 찾는다〈다양한 가능성을 나열한다〉】

위통을 느낀다면 그 원인으로 여러 가지를 생각할 수 있다. 스트레스일 수도 있고, 어쩌면 위암일지도 모른다. 원인을 넓은 시야로 찾아봄(제로 베이스로 생각)으로써 중요한

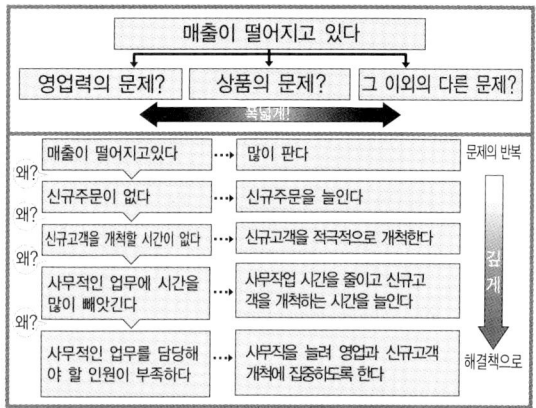

요소를 놓치는 사태를 막을 수 있다. 다양한 가능성을 나열하고 깊이 파고 들어감으로써 원인을 구체화할 수 있다.

【문제를 깊이 파고든다 〈끈질기게 '왜'를 되묻는다!〉】

조금이라도 빨리 해결책을 내고 싶은 욕구는 누구에게나 있지만 이런 욕구를 누르며 한계까지 문제를 파고 들어가는 습관을 들여야 한다. 끊임없이 자신에게 "왜?" 하고 물어야 한다. '왜?'를 반복할 때마다 문제의 원인과 해결책이 점점 구체화되는 것을 느낄 수 있을 것이다. 위에서 예로 든 매출이 떨어지는 원인에는 이 외에도 여러 가지가 있겠지만 여기에서는 그림과 같이 단순화시켜 보았다.

5. MECE

MECE 〈누락 없이 중복 없이〉

【MECE란?】

MECE란 'Mutually Exclusive Collectively Exhaustive'의 줄임말로 '각각의 사항을 중복되지 않으면서도 누락되지 않게 한다'는 의미다. 이 '누락 없이 중복 없이'라는 개념을 통해 중요한 요소를 빠뜨리거나 같은 사항을 중복함으로써 초래되는 비효율을 미연에 방지할 수 있다.

【중복은 없지만 누락이 있는 경우】

'IT계열' 기업을 담당하는 영업사원이 마케팅을 하기 위해 기업에 접근한다고 가정하자. 앞서 'IT계열'이라고는 했지만 이는 여러 형태의 산업으로 분류할 수 있다. 소프트웨어, SI, IT컨설팅……. 이렇게 해서 각 분야를 좀더 구체적으로 세분화하자. 이 작업을 충실히 할수록 누락이 없어진다. 반대로 말하면 영업사원이 빠뜨리는 부분만큼 영업기회를 잃게 된다는 뜻이다. 그러므로 되도록 누락되는 것이 없도록 앞에서 기술한 '제로 베이스 사고'로 사물을 크게 파악하여 중요한 요소를 놓치지 않도록 해야 한다.

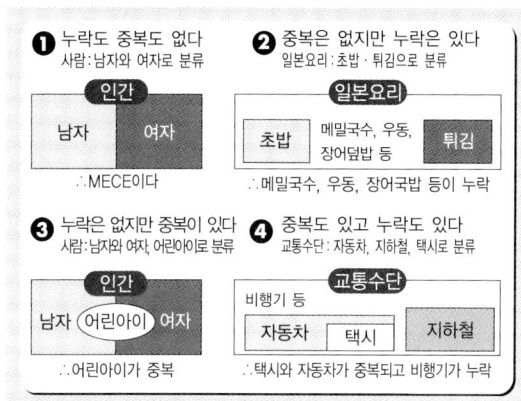

❶ 누락도 중복도 없다
사람 : 남자와 여자로 분류

인간

| 남자 | 여자 |

∴ MECE이다

❷ 중복은 없지만 누락은 있다
일본요리 : 초밥 · 튀김으로 분류

일본요리

| 초밥 | 메밀국수, 우동, 장어덮밥 등 | 튀김 |

∴ 메밀국수, 우동, 장어국밥 등이 누락

❸ 누락은 없지만 중복이 있다
사람 : 남자와 여자, 어린이로 분류

인간

| 남자 | 어린아이 | 여자 |

∴ 어린아이가 중복

❹ 중복도 있고 누락도 있다
교통수단 : 자동차, 지하철, 택시로 분류

교통수단

비행기 등

| 자동차 | 택시 | 지하철 |

∴ 택시와 자동차가 중복되고 비행기가 누락

【누락은 없지만 중복이 있는 경우】

예를 들면 한 기업에서 고객 한 명을 대상으로 영업 사원 여러 명이 따로따로 접근하는 경우이다. 전략적으로 중복시킨 것이라면 상관없지만 그렇지 않다면 고객에게 '집요하다'는 인상이나 혼란을 주게 될 가능성도 있다.

【누락과 중복이 모두 있는 경우】

앞에서 설명한 누락의 문제와 중복의 문제가 모두 존재하므로 자원배분이라는 측면에서 심각한 문제가 발생할 수 있다.

6-1 프레임 워크 사고

【MECE를 만들 때 유용한 프레임 워크】

　그렇다면 실제로 문제를 해결하거나 커뮤니케이션을 할 때는 MECE를 어떤 식으로 활용해야 할까? 이때 편리한 도구가 이제부터 소개할 프레임 워크다. 여기에서 말하는 프레임 워크만 확실하게 알아 두면 큰 누락이나 중복을 없앨 수 있다.

【3C】

　기업의 현상을 분석할 때 주로 사용하는 방법이 이 '3C' 다. 이 방법에서는 사업 전체의 현상을 크게 고객(Customer), 경쟁사(Competitor), 자사(Company)로 분류한 다음 각 요소에 대한 분석을 실시한다. 예를 들어 'A슈퍼마켓의 현상을 설명하라' 는 과제가 있다고 하자. 우선 그 지점의 상권 상황을 시장과 고객의 동향으로 파악하고 나서 경쟁 슈퍼마켓의 전략을 제시한다. 그 다음 자사의 상황이라는 순으로 평가해 나간다.

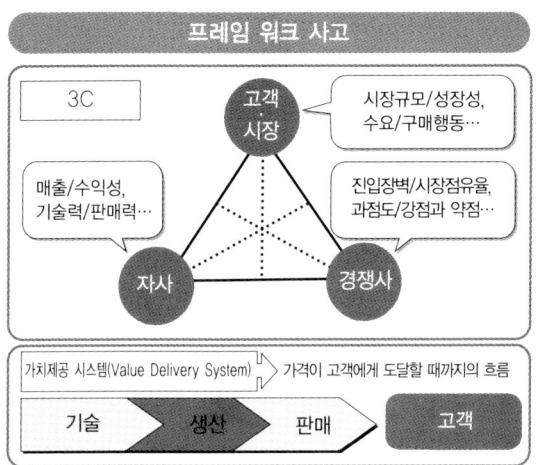

프레임 워크 사고

3C

고객·시장

시장규모/성장성, 수요/구매행동…

매출/수익성, 기술력/판매력…

진입장벽/시장점유율, 과점도/강점과 약점…

자사

경쟁사

가치제공 시스템(Value Delivery System) ⇒ 가격이 고객에게 도달할 때까지의 흐름

기술 생산 판매 고객

출처:데루야 하나코, 오카다 게이코 저 《로지컬 싱킹》

【마케팅의 4P】

고객에게 접근할 때 중요한 프레임 워크가 바로 마케팅의 4P이다. 예컨대 A라는 상품(Product)을 얼마(Price)에, 어떤 경로(Place)로, 어떻게 프로모션(Promotion)해서 판매하는가에 대한 각 요소를 MECE로 정리하고 설명한다.

【이외의 프레임 워크】

이 외에도 흐름이나 단계를 MECE로 정리한 맥킨지사의 가치제공 시스템(Value Delivery System) 등이 있다.

7. 피라미드 구조

7-1 피라미드 구조와 작성방법

【피라미드 구조란?】

문서를 작성하는 사람은 그 글을 읽는 사람이 내용을 쉽게 이해할 수 있는 문서의 형태를 궁리해야 한다. 논리적으로 자신의 의도를 상대방에게 가장 쉽게 전달할 수 있는 문서 형태는 그림과 같은 피라미드 구조이다. 피라미드 구조란 먼저 가장 크고 중요한 생각(주장)을 내세운 다음 이것을 지지하는 작은 생각들을 나열하는 방식이다. 피라미드의 정점을 문서의 주제라고 할 때 두 번째 단계는 장, 그 아래는 절, 그 다음은 단락, 마지막은 문장이라는 형태가 된다.

【피라미드 구조를 만드는 법】

①위에서 아래로 내려가는(Top Down) 접근법

자신이 전달하고자 하는 내용이 확실한 경우 사용하면 효과적이다. 먼저 주축을 이루는 생각을 제시한 다음 피라미드 구조를 이루는 아래 단계의 생각들을 하나씩 설명해 가는 방식이다.

②아래서 위로 올라가는(Bottom Up) 접근법

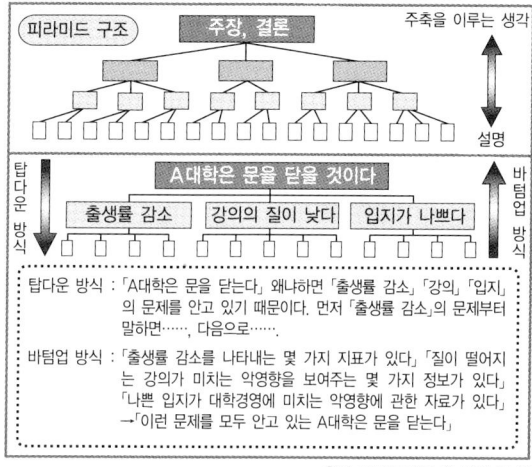

출처 : 바바라 민토 《논리의 기술》

현재 단계에서는 자신이 말하고 싶은 내용이 명확하게 드러나지 않을 때 사용한다. 먼저 자신이 말하고 싶은 내용을 모두 열거한다. 그리고 이 내용들 사이에 어떤 관계가 있는지 여기에서 무엇을 이끌어낼지를 하위단계부터 순서대로 생각한다. 단 마지막에 문서로 작성할 때는 결론부터 써야 한다는 사실을 명심하라.

피라미드 구조
〈피라미드 구조를 문서에 반영한다〉

【이해하기 쉬운 문서란?】

　다음 페이지에 제시한 두 가지 예는 같은 주제를 다룬 보고서다. 어느 쪽이 더 이해하기 쉬울까?

　그저 단순히 근거를 나열한 ①보다는 피라미드 구조를 반영한 ②쪽이 훨씬 쉽고 빠르게 이해될 것이다. ②는 가장 말하고 싶은 내용(구입해야 한다)을 내세운 다음, 그 근거를 세 가지 핵심으로 나누고(집단화하여), 그 안의 세부적인 사항이 그것을 지지하는 구조이다. 이런 구조는 상대방이 이 의견에 찬성하는가 하는 문제는 접어두더라도 보고서의 내용은 정확하게 이해하게 해준다.

　이에 비해 ①은 최종 결론에 도달하기 전에 이 문서를 읽는 사람이 지쳐버려 왜 이런 결론이 나왔는지 파악하기 힘들다.

보고서
1

A사의 체인점 영업권 구입 여부에 관해

A사 체인점 영업권의 구입 여부에 관한 검토 결과를 보고 드립니다.

A사는
1. 높은 시장점유율을 차지하고 있다
2. 원래 저비용 구조다
3. 관리 방법이 단순하여 병합이 용이하다
4. 시장에서 경쟁이 치열하지 않다
5. 매출이 성장단계에 있다
6. 별개의 사업이지만 병합도 가능하다
7. 이익이 확대되는 추세이다
  이상을 고려할 때 동 영업권을 빠른 시일 내에 구입해야 합니다.

보고서
2

A사의 체인점 영업권 구입 여부에 관해

A사 체인점 영업권의 구입여부에 관한 검토결과를 보고 드립니다. 동 영업권을 구입함으로써 저희 회사가 얻게 되는 전략적인 이점이 매우 크므로 빠른 시일 내에 구입을 결정하셔야 합니다.

1. 업계평균보다 높은 성장이 예상된다
    높은 시장점유율(15% 이상)
    경쟁이 치열하지 않다
2. 재무적으로 높은 이익이 예상된다
    기본적으로 저 비용 구조이다.
    매출이 성장단계이다.
    이익은 확대기조에 있다
3. 사업병합이 용이하다
    관리방법이 단순하다.
    별개의 사업이다.

8-1 원인을 규명하는 로직 트리

【로직 트리를 만든다】

　로직 트리에는 ①문제의 원인을 규명한다, ②문제의 해결책을 생각한다는 두 가지 활용법이 있지만 여기에서는 ①의 원인을 규명하는 로직 트리를 연습해 보겠다. 로직 트리를 만들 때에는 지금까지 설명한 크리티컬 싱킹의 철칙을 반드시 기억해야 한다. 즉 논리를 전개할 때는 '왜?'라는 질문을 반복하여 원인을 끝까지 추궁하는 제로 베이스와 MECE로 생각해야 한다.

[예] 이익저하 때문에 고민하는 제조업체 A사가 안고 있는 문제의 원인을 규명한다.

　이익저하의 원인으로 '요즘은 불경기이므로 당연하다'고 반사적으로 대답을 내놓는다면 규칙위반이다. 그렇다면 앞에서 기술한 순서에 따라 이익저하의 원인을 분해하고 찾아나가기로 한다. 먼저 이익은 매출과 비용으로 분해할 수 있다('이익'을 '경상이익', '영업이익' 등으로 다시 세분할 수 있지만 여기에서는 되도록 단순화하여 설명하겠다). 회사의 자료를

원인 규명의 로직 트리

이익이 저하되는 이유가 무엇일까? → 매출 저하? → 상품가격의 저하? / 매출수량의 감소? → 시장점유율의 저하? / 시장의 축소?

비용 증가? → 고정비용의 증가? / 변동비용의 증가? → 인건비의 증가? / 관리비의 증가?

MECE로!!

깊이!! 근본적인 원인으로

살펴보니 비용이 증가하지 않았는데 매출저하가 두드러졌다고 가정하자. 그럼 다음에는 매출저하를 다시 '왜?'로 분해한다. 상품가격의 저하 때문인지 아니면 매출수량의 감소 때문인지를 알아본다. 후자에 해당한다면 다음은 시장점유율의 저하인지, 시장의 축소인지라는 식으로 점점 더 깊이 파고 들어간다. 이 작업을 반복하는 사이 원인은 좀더 구체적으로 그 모습을 드러낼 것이다. 또한 원인을 규명할 때에는 각 단계의 MECE에 주의하여 분석해야 한다. 이 과정에서 발견한 문제의 원인에 대해서 다음에는 해결책을 생각한다. 다음 장에서는 이 내용을 설명하겠다.

8-2 문제해결의 로직 트리

【해결책을 로직 트리로 생각한다】

　로직 트리를 사용하여 문제의 해결책을 이끌어내려면
"SO HOW?(그래서 어떻게 할 것인가?)"를 반복해야 한다. 앞
의 원인을 규명하는 로직트리의 예에서 '시장점유율의 저
하'라는 원인까지 규명해 보았다. 하지만 이렇게 원인을
파고들어간 후 내린 결론이 고작 '시장점유율을 높여라'라
는 단순한 답이라면 문제를 근본적으로 해결하기란 불가
능하다. 다음에 원인을 규명하여 문제 해결책을 찾는 실례
를 들어 보았다.

[예] A사의 시장점유율을 회복할 수 있는 해결책을 찾아본다

　8-1의 예에서는 A사의 이익저하에 대한 원인은 매출수량
의 감소를 초래한 시장점유율 저하에 있다는 단계까지 밝
혀냈다. 만약 이 시장점유율 저하가 A사와 경쟁관계에 있
는 업계 1위인 B사의 시장점유율 확대에서 비롯되었다고
가정하자. 이때 A사로서는 B사에 빼앗긴 비율만큼의 시장
점유율을 회복하여 매출수량의 회복→이익 증대를 추구
해야 한다. 그렇다면 이렇게 하기 위해 어떤 해결책을 제시
해야 할지 생각해 보자. 먼저 "SO HOW?"로 생각하면 시

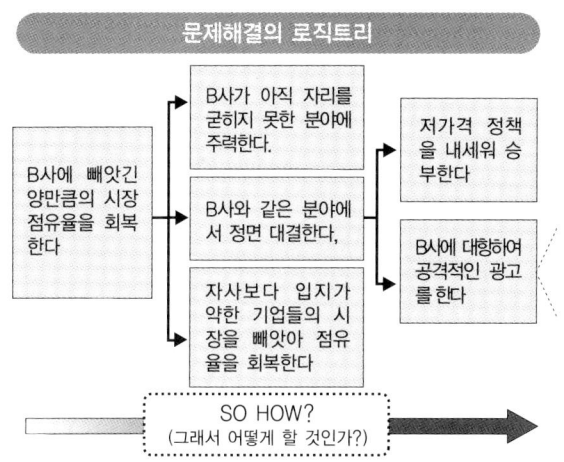

문제해결의 로직트리

B사에 빼앗긴 양만큼의 시장 점유율을 회복한다

→ B사가 아직 자리를 굳히지 못한 분야에 주력한다.

→ B사와 같은 분야에서 정면 대결한다,
  → 저가격 정책을 내세워 승부한다
  → B사에 대항하여 공격적인 광고를 한다

→ 자사보다 입지가 약한 기업들의 시장을 빼앗아 점유율을 회복한다

SO HOW?
(그래서 어떻게 할 것인가?)

장점유율을 회복할 수 있는 세 가지 해결책이 나온다. 새로운 분야로 진출하여 경쟁사와 직접 대결을 피하는 방법, 아니면 당당하게 직접 대결을 하는 방법, 자사보다 아래 단계에 있는 기업의 시장을 빼앗아 오는 방법이다. 이 세 가지 가운데 무엇을 해결책으로 삼아야 할지를 판단하기 위해 자사와 B사를 비교한 결과를 분석해야 하지만 여기에서 두 번째 해결책에 대해 "SO HOW?"라는 질문을 던져 본다. 낮은 가격으로 승부할지, 펩시콜라처럼 공격적인 광고를 내보낼지 등의 해결책을 구체화해 나간다. 해결책이 결정되면 이제 남은 것은 실천으로 옮기는 일뿐이다.

제 **3** 장

회계
(ACCOUNTING)

대부분의 회계 입문서는 '결산서'를 읽는 데 그 목적을 두고 있다. 그러나 결산서의 작은 부분에 너무 얽매이다 보면 기업이 가장 중시해야 할 본연의 목적을 보지 못하게 될 위험도 있다.

그런 의미에서 회계를 배우는 의의에 대해 다시 한 번 되새겨 보기로 하자. 회계란 모든 비즈니스맨이 익혀야 할 비즈니스 언어의 하나로 이를 통해 서로 원활한 의사소통을 할 수 있다. 이런 역할을 하는 회계의 기본적인 법칙과 지표를 이해한다면 좀더 많은 '이익'을 내는 경영, 사업 진행방식을 모색할 수 있다.

이번 장에서는 회계를 큰 틀 속에서 해석하고 그리고 각 업무에서 중요시해야 할 사항을 찾아내어 다른 비즈니스 분야와 연결시켜 체계적으로 설명하겠다.

제1절에서 3절까지는 회계를 이해하기 위해 그 기초를 이루는 각 회계의 정의, 회계원칙과 그 역할, 그리고 회계의 표준 언어인 재무제표('손익계산서', '대차대조표'와 '현금흐름표')를 이해한다.

제4절에서는 재무제표를 사용하여, 재정의 좋고 나쁨을 판단하기 위한 기준이 되는 도구로서 재무분석('수익성 분석', '안전성 분석', '생산성 분석')을 이해한다.

제5절에서는 과거의 경영성과에 대한 평가도구로서 앞으로 어떤 식으로 기업경영활동을 해 나갈지를 알아보는 '경영에 반영하기 위한 회계' 즉 관리회계의 과정과 기법을 배운다.

1-1 회계의 정의

【주식회사제도와 회계제도】

　기업의 소유자는 주식이라는 형태로 자금을 제공하는 주주이며 경영진(이사진)은 그 주주에게 경영을 의뢰 받은 대리인으로서 기업을 대신 경영해 주는 대가로 임원 보수를 받는다. 소유자인 주주는 주주총회를 통해 중요한 의사 결정을 하고, 벌어들인 돈의 일부를 배당이라는 형태로 취할 수 있는 권리가 있다. 따라서 경영진은 주주에게 경영 활동에 관한 정확한 실적을 설명해야 할 의무가 있다. '설명'이라는 말을 영어로 바꾸면 '어카운트(Account)'가 된다. 즉 경영진이 주주에게 '회사가 어느 정도의 수익을 내었는지를 설명하는 일'이 어카운팅(Accounting. 회계)이다.

【회계의 유형】

　회계란 그 용도와 성질에 따라 외부 보고를 목적으로 정확한 실적을 나타내는 '재무회계'와 장래의 경영활동에 반영할 내부 활용을 목적으로 한 '관리회계'로 분류된다.

　① 재무회계 : 외부의 이해관계자(주주, 채권자, 거래처, 사원

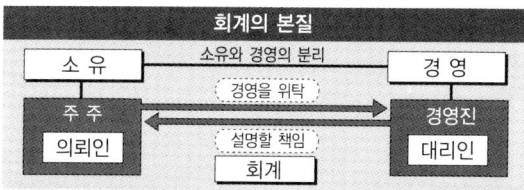

	회계의 정의

회계의 본질

소 유	소유와 경영의 분리	경 영

경영을 위탁

주 주		경영진
의뢰인	설명할 책임	대리인
	회계	

재무회계와 관리회계

	재무회계	관리회계
목 적	외부 이해관계자들을 위한 설명	내부관리를 통한 합리적인 경영
이 용 자	외부의 이해관계자	경영자
대 상	과거 실적만	장래 계획도 대상이 됨
제공방법	재무제표로 보고	경영정보로 제공

등)에 대해 경영 실적을 정확하게 보고하는 것을 목적
으로 하는 회계로 기본적인 대차대조표, 손익계산서,
현금흐름표라고 불리는 재무제표를 통해 정보 공개가
행해진다.

②관리회계：기업 내부의 경영관리를 담당하는 관계자
들에게 경영의사결정에 도움이 되는 정보를 제공하여
경영에 도움을 주는 데 그 목적이 있는 회계로 재무분
석, 손익분기점 분석, 예산관리 등의 방법을 통해 전
개된다.

2-1 회계원칙

　재무회계의 목적은 앞에서 기술한 대로 외부의 이해관계자에게 기업의 경영실적을 보고하는 데 있으며, 보고 수단으로 재무제표를 사용한다. 따라서 재무제표는 이해관계자가 잘못된 판단을 내리지 않도록 객관적이고 정확해야 한다. 이를 위해 설치된 장치가 '회계원칙'이다. 그렇다면 '회계원칙'이란 도대체 무엇일까? 회계원칙은 크게 다음 세 가지로 구성되는데 이에 준거하여 회계처리와 재무제표를 작성한다.

　① 일반원칙 : 기업회계원칙의 기본부분으로 신뢰성의 원칙 등 7가지의 원칙이 있다.

　② 손익계산서 원칙 : 손익계산서를 작성할 때 따라야 할 원칙이다. 대표적인 것으로 수익비용대응의 원칙이 있으며, 현금주의, 발생주의, 실현주의라는 3가지 인식기준이 있다. 현금주의는 실제로 현금이 들어오고 나간 시점에서 수익과 비용을 인식하는 기준이지만 이 방식으로는 적정한 기간손익을 계산하기에 불충분하기 때문에 비용에 대

회계원칙

기업회계의 원칙

일반원칙	대차대조표 원칙	손익계산서 원칙
신뢰성의 원칙	본 질	본 질
충분성(완전공시)의 원칙	구 분	발생주의 원칙
자본거래·손익거래 구분의 원칙	배 열	총액주의 원칙
명료성의 원칙	과 목 분 류	수익비용대응의 원칙
계속성의 원칙	자 산 가 액	구 분
보수주의의 원칙	비용배분의 원칙	실현주의 원칙
단일성의 원칙		

한 기준으로는 발생주의를, 수익성에 대한 기준으로는 실현주의를 채용하고 있다.

③대차대조표 원칙 : 대차대조표를 작성할 때 각 계정과목을 구분, 배열, 분류, 평가하는 방법을 규정한 것으로 역사적 원가주의를 대표적인 예로 들 수 있다. 이것은 대차대조표에 기재한 자산가액을 구입시점의 가액을 기초로 계상하는 것으로 보수주의에 입각한 원칙이라 할 수 있다.

이처럼 회계원칙은 기업회계의 실무를 처리하면서 관습화된 사항 가운데 일반적으로 공정하다고 인정된 부분을 요약한 내용으로 법령에 의해 강제적으로 규정되지는 않았지만 모든 기업이 회계 처리할 때 따라야 하는 기준이다.

3. 재무제표

3-1 손익계산서

손익계산서는 일정기간(보통 1년) 동안 기업이 이룬 경영성과를 나타내는 표이다. 경영성적은 이익=수익−비용(손실)이라는 산식으로 산출된다. 손익계산서에서는 이익을 계산하는 과정을 이용자가 알아보기 쉽도록 다음과 같이 5가지 형태로 단계적인 이익을 산출한다.

【5가지의 단계적 이익】

① 매출총이익(매출액−매출원가) : '매출액'에서 매입원가와 제조원가인 '매출원가'를 공제한 차액으로 총수익(Gross Profit)이라고도 한다.

② 영업이익(매출총이익−판매비와 일반관리비) : '매출총이익'에서 영업사원의 급료 등 판매활동과 관리활동에서 발생하는 비용인 '판매비와 관리비'를 차감한 이익으로 '영업활동을 통해 벌어들인 수입'을 나타낸다.

③ 경상이익(영업이익+영업외수익−영업외비용) : 영업이익에 수입이자 등 본래의 기업 활동 이외에서 나온 수익을 가산하고 지급이자 등 본래의 사업활동 이외에 지출

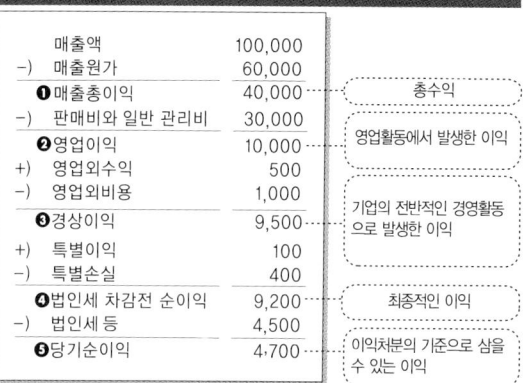

손익계산서

손익계산서에 따른 5단계 이익

매출액	100,000	
-) 매출원가	60,000	
❶매출총이익	40,000	···· 총수익
-) 판매비와 일반 관리비	30,000	
❷영업이익	10,000	영업활동에서 발생한 이익
+) 영업외수익	500	
-) 영업외비용	1,000	
❸경상이익	9,500	···· 기업의 전반적인 경영활동으로 발생한 이익
+) 특별이익	100	
-) 특별손실	400	
❹법인세 차감전 순이익	9,200	···· 최종적인 이익
-) 법인세 등	4,500	
❺당기순이익	4,700	···· 이익처분의 기준으로 삼을 수 있는 이익

되는 비용을 차감하여 계산한 이익으로 '기업의 전반
적인 경영활동을 통해 발생하는 이익'을 나타낸다.

④법인세 차감 전 순이익(경상이익+특별이익−특별손실) : 경
상이익에 일시적 또는 특수한 사정으로 발생한 이익,
손실을 더하고 뺀 이익으로 '최종적인 이익'이라 할
수 있다.

⑤당기순이익(법인세 차감 전 순이익−법인세) : 법인세 차감
전 순이익에서 법인의 소득에 따라 부과되는 세금을
차감한 후의 이익으로 이익처분(배당 등)에 기준이 되는
이익이다.

3-2 대차대조표① 부채·자본

대차대조표는 기업의 일정 시점(일반적으로 결산기말)의 재무상태를 나타낸 표이다. 재무상태란 어느 시점을 기준으로 해서 그 기업이 어떤 식으로 자금을 조달해 왔고(자금의 조달원천), 그 자금을 어떻게 운용하고 있는지(자금의 운용형태)를 말한다. 대차대조표에서는 자금의 조달원천은 '부채와 자본', 자금의 운용형태는 '자산'으로 표시한다.

【 부채와 자본 】

부채와 자본은 자금의 조달원천을 나타내며 대차대조표의 오른쪽에 표시한다.

① 부채 : 제3자에게 장래 변제할 의무가 있는 채무를 가리키는 것으로 타인자본이라고도 한다. 금융기관에서 빌린 차입금이나 지불되지 않은 매입채무, 외상매입금 등이 있다. 또한 부채는 '유동부채'와 '고정부채'로 분류된다. '유동부채'는 기업의 정상적인 영업활동에서 발생한 채무로서 1년 이내에 상환해야 할 의무가 있는 부채로 계정과목으로는 지급어음, 외상매입금, 단기차입금 등을 들 수 있다. '고정부채'는 상환기간이 1년을 넘는 부채로서 장기차입금, 회사채 등이 여기에 해당한다.

대차대조표(1)-부채 · 자본

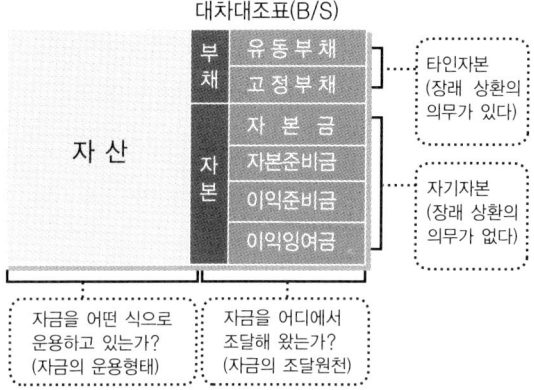

대차대조표(B/S)

	부채	유동부채	→ 타인자본 (장래 상환의 의무가 있다)
		고정부채	
자산	자본	자본금	→ 자기자본 (장래 상환의 의무가 없다)
		자본준비금	
		이익준비금	
		이익잉여금	

자금을 어떤 식으로 운용하고 있는가? (자금의 운용형태)

자금을 어디에서 조달해 왔는가? (자금의 조달원천)

②자본: 투자가들이 투자한 사업 밑천과 기업이 지금까지 축척해 온 이익을 합계한 것이다. 부채와 달리 상환의무가 없다는 점에서 자기자본이라 부른다. 구체적으로는 주주의 출자금인 '자본금', 상법에 의해 강제로 적립되는 '자본준비금(자본금과 마찬가지로 주주의 출자를 기준으로 한다)'과 '이익준비금(이익을 기준으로 한다)', 그리고 과거의 이익축척분에서 이익준비금을 뺀 '이익잉여금'을 들 수 있다.

3-3 대차대조표 ② 자산

 회사의 목적은 다양한 경영활동을 통한 이익창출에 있다. 경영활동을 해나가기 위해서는 돈과 여러 가지 물건이 필요한데 자산은 이 돈과 물건을 가리키는 말이다.

 자산은 조달자금의 운용상황를 나타내며, 대차대조표의 왼쪽에 표시한다. 또한 자산의 종류는 '유동자산', '고정자산'으로 분류된다.

 '유동자산'은 기업의 정상적인 영업활동을 통해 발생한 자산으로서 1년 이내에 자금회수가 예측되는 자산, 1년 이내에 비용화가 예정되어 있는 자산을 말한다. '유동자산'은 다시 다음의 3가지로 분류된다.

 ① 당좌자산 : 현금, 예금, 단기보유 목적의 유가증권, 외상매출금, 또는 받을어음 등의 매출채권으로 구성되며, 자산 자체와 영업활동에서 발생하는 자산이 여기에 해당한다. 따라서 유동자산 가운데에서도 짧은 기간 안에 자금화가 가능한 자산이다.

 ② 재고자산 : 영업수익의 획득을 목적으로 제조 또는 보유하는 판매용 상품과 제품 등의 재고를 가리킨다.

 ③ 기타 유동자산 : 1년 이내에 비용화, 또는 현금화되는

대차대조표(2)-자산

대차대조표(B/S)

유동자산	당좌자산	부채
	재고자산	
	기타 유동자산	
고정자산	유형고정자산	자본
	무형고정자산	
	투자 및 기타 자산	

자금을 어떻게 운용하고 있는가
(자금의 운용형태)

자금을 어디에서 조달해 왔는가
(자금의 조달원천)

선불비용 등을 가리킨다.

'고정자산'은 1년 이내에 비용화, 또는 현금화되지 못하는 자산을 말한다. 한편 '고정자산'은 건물, 토지 등 구체적인 형태가 있는 유형자산, 특허권이나 영업권 등 구체적인 형태가 없는 무형자산, 장기대출금이나 자회사 주식 등 장기간에 걸쳐 보유하는 자산인 투자자산 및 기타의 고정자산으로 분류된다.

3-4 현금흐름표(Cashflow Statement)

또 하나의 중요한 재무제표로 현금흐름표가 있다.

【이익과 현금의 차이】

손익계산서가 표시하는 이익은 회계처리의 선택이나 회계사실의 인식 시점, 또는 판단에 따라 주관성이 개입될 여지가 있어 회계 상의 이익을 조작할 수 있는 가능성이 있다. 하지만 현금은 실제로 거래에 사용된 현금 또는 현금등가물(3개월 이내 현금화가 가능한 자산)의 유입과 유출로 이런 실물자산의 움직임에 주관성이 개입될 여지가 없으므로 기업실태를 정확하게 반영하는 지표라고 할 수 있다.

【현금흐름표】

현금흐름표는 일정기간 동안 나타난 기업의 현금흐름(현금, 현금등가물 등의 흐름)을 나타낸다. 즉 현금의 잔고와 그 증감의 과정을 다음과 같이 3가지로 분류하여 표시한다.

①영업 현금흐름 : 영업활동에서 현금이 얼마나 증가하고 감소했는지를 나타낸다. 이것은 기업존속의 기반으로 유입이 유출보다 많은 형태가 바람직하다.

②투자 현금흐름 : 투자활동에서 얼마의 현금이 유입되고 유출되었는지를 나타낸다. 여기에서는 영업활동에서

현금흐름표

현 금 흐 름 표	Ⅰ. 영업 현금흐름	
	당기순이익	3,000
	+) 감가상각비	500
	−) 재고자산의 증가	△400
	영업활동으로 인한 현금흐름	3,100
	Ⅱ. 투자 현금흐름	
	−) 고정자산의 취득	△3,000
	−) 유가증권의 취득	△2,500
	투자활동으로 인한 현금흐름	△5,500
	Ⅲ. 재무 현금흐름	
	+) 장기차입금의 증가	3,800
	−) 단기차입금의 상환	△400
	재무활동으로 인한 현금흐름	3,400
	Ⅳ. 현금 및 예금의 증감	1,000
	Ⅴ. 현금 및 예금의 기초잔액	2,600
	Ⅵ. 현금 및 예금의 기말잔액	3,600

얻은 현금흐름을 어떻게, 그리고 어느 정도를 장래의 이익 획득을 위해 투자에 할당할지가 중요하다.

③재무 현금흐름 : 재무활동에서 얼마의 현금이 유입되고 유출되었는지를 나타낸다. 단적으로 말하면 영업 현금흐름에서 벌어들인 자금을 투자 현금흐름에서 투자에 배분하고, 나머지 현금을 결산하는 작업을 여기에서 한다고 할 수 있다.

4. 재무분석

4-1　수익성 분석① 자본이익률

　재무분석이란 회사의 수익성(수익획득능력)과 유동성(지불 능력)을 저해하는 재무상의 문제점을 명확화하는 등 손익 계산서와 대차대조표 등의 재무제표를 다양한 관점에서 분석함으로써 회사의 경영성과와 재무상태를 판단하는 작 업이다. 수익성 분석에서는 기업이 얼마나 효율적으로 이 익을 내는지를 분석한다.

【 수익성 분석의 종합지표인 자본이익률 】

　자본이익률은 기업이 투하한 자본을 얼마나 효율적으로 활용하여 이익을 올렸는지를 나타내는 수익성을 분석하는 종합적인 지표다. 이는 기업규모에 관계없이 그 기업의 효 율성을 '자본이익률=이익/자본' 이라는 산식에 따라 구할 수 있다. 자본이익률의 대표적인 종류로 다음 2가지를 들 수 있으며 이는 사용목적에 따라 구별하여 사용한다.

　① 총자산 이익률(ROA : Return On Assets)

　계산식 : 총자산 이익률 = 경상이익 / 총자산

　기업의 전체 운용자금인 총자산(=총자본)을 운용하여 이

수익성 분석(1) - 자본이익률

자 본 이 익 률 = $\dfrac{이익}{자본}$	┈┈	투하자본에 대해 얼마나 효율적으로 이익을 올렸는가?
총자산 이익률 (ROA) = $\dfrac{경상이익}{총자산}$	┈┈	회사의 자본 전체(=총자산)를 운용하여 얼마나 효율적으로 이익을 올렸는가?
자기자본 이익률 (ROE) = $\dfrac{당기순이익}{자기자본}$	┈┈	주주가 출자한 자본을 운용하여 얼마나 효율적으로 이익을 올렸는가?

익창출에 얼마나 기여했는지를 측정하는 지표이다. 이 경우 분자의 이익은 전체 투하자금의 수익성을 알아보려는 목적에서 '기업 경영활동 전반적인 수익'을 나타내는 경상이익을 사용한다.

②자기자본 이익률(ROE: Return On Equity)

계산식 : 자기자본 이익률 = 당기순이익 / 자기자본

주주가 자기자본을 투자하여 어느 정도의 이익을 올렸는지를 나타내는 대표적인 수익성 지표이다. 이 경우 분자의 이익은 주주에게 배당 가능한 이익금으로 법인세 차감 후의 이익인 당기순이익을 사용한다.

4-2 수익성 분석② 자본이익률의 분해

【자본이익률의 분해】

4-1에서 기술한 자본이익률은 그림과 같은 산식으로 분해할 수 있는데 이것은 ①매출액이익률과 ②자본회전율의 곱이 된다. 따라서 자본이익률을 높인다는 말은 ①일정한 매출액에 대해 얼마나 많은 이익을 획득하는가(매출액이익률의 향상)와 ②일정한 자본에 대해 얼마나 많은 매출액을 올리는지(자본회전율의 향상)를 의미한다.

①매출액이익률

■매출액 대비 매출총이익률 : 이익률이 높은 제품을 판매하고 있는가를 보여준다. 즉, 시장에서 자사제품의 경쟁력이 어느 정도인지를 나타낸다.

■매출액 대비 영업이익률 : 본업의 이익률이 얼마나 높은지를 보여준다. 이 비율이 낮고 매출총이익에 문제가 없다면 판매비와 관리비에 원인이 있으므로 상세한 내용을 분석한다.

■매출액 대비 경상이익률 : 재무활동을 포함한 기업 전체의 이익률이 얼마나 높은지를 보여준다. 이 비율이 낮고, 매출총이익율, 영업이익율에 문제가 없다면 지급이자

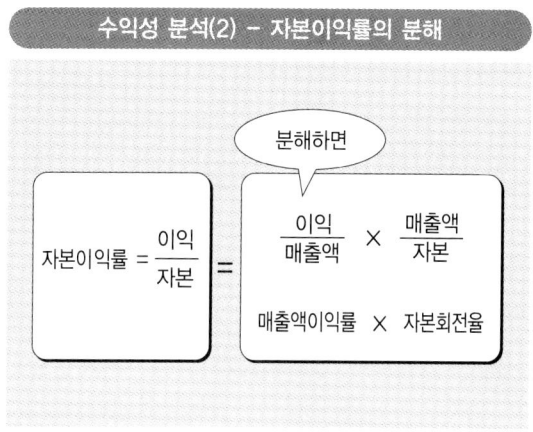

분해하면

$$\text{자본이익률} = \frac{\text{이익}}{\text{자본}} = \frac{\text{이익}}{\text{매출액}} \times \frac{\text{매출액}}{\text{자본}}$$

매출액이익률 × 자본회전율

등의 영업외비용 항목을 상세하게 분석하게 된다.

②자본회전율

1년 동안 자본을 얼마만큼 회전시켰는가를 나타내는 지표로 자산의 이용효율을 보여준다. 종합적으로는 총자산 회전율(매출액/총자산)로 보지만 좀더 구체적으로 매출채권 회전율(매출액/매출채권), 재고자산 회전율(매출액/재고자산), 고정자산 회전율(매출액/고정자산) 등을 분석하여 각 부분의 자산 이용효율을 알아낼 수 있다.

4-3 안전성 분석

안전성 분석은 기업의 재무안정성 즉 기업이 도산할 위험이 어느 정도인지에 대한 가능성을 분석하는 작업으로 단기 지불능력 분석, 자금조달과 운용의 타당성 분석, 자본구성의 분석 등 세가지로 분류된다.

(1) 단기 지불능력의 분석

①유동비율(유동자산/유동부채) : 단기간 내에 자금이 회수되는 유동자산과 단기간 내에 지급되어야 하는 유동부채의 비율을 나타낸 것으로 200퍼센트 이상이 이상적이며, 최소한으로는 120퍼센트는 되어야 한다.

②당좌비율(당좌자산/유동부채) : 유동비율보다 더 까다롭게 따져보는 지표로 유동자산 가운데에서도 단기간 내에 회수되는 현금, 예금, 유가증권, 받을어음, 외상매출금 등의 당좌자산과 유동부채의 비율로 100퍼센트 이상이 적당하다.

(2) 자본 조달과 운용의 타당성 분석

고정장기적합률(고정자산/(자기자본+고정부채)) : 고정자산에 투하한 자금은 장기간에 걸쳐서 회수되기 때문에 이 자금을 단기채무로 조달하면 유동성이 악화된다. 이 비율은

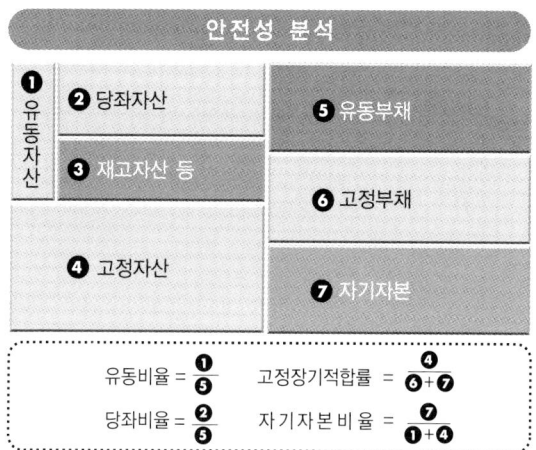

안전성 분석

❶ 유동자산	❷ 당좌자산	❺ 유동부채
	❸ 재고자산 등	❻ 고정부채
❹ 고정자산		❼ 자기자본

$$유동비율 = \frac{❶}{❺} \qquad 고정장기적합률 = \frac{❹}{❻+❼}$$

$$당좌비율 = \frac{❷}{❺} \qquad 자기자본비율 = \frac{❼}{❶+❹}$$

고정자산이 자기자본과 장기간에 걸쳐 상환하는 고정부채로 어느 정도 조달되고 있는지를 나타내는 것으로 70퍼센트 정도가 적당하다. 또한 이 산식의 분모를 자기자본만으로 한정한 비율을 고정비율이라고 하며 100퍼센트 이하가 이상적이다.

(3) 자본구성의 분석

자기자본비율(자기자본/총자산): 총자산에 대한 자기자본의 비율로 30퍼센트 정도가 되어야 한다.

4-4 생산성 분석

생산성 분석이란 투입에 대한 산출의 비율을 분석한 것을 말한다. 투입이란 노동과 자본을 가리키며, 산출에는 부가가치가 사용된다. 부가가치란 기업이 기업활동에서 스스로 창조한 가치이다.

【사람(노동)의 생산성】

계산식 : 노동생산성 = 부가가치 / 종업원 수

노동생산성은 노동투입에 대해 어느 정도의 부가가치를 산출하고 있는가를 볼 수 있는 지표로 부가가치를 종업원 수로 나누어 계산하기 때문에 종업원 한 사람 당 부가가치액을 의미한다.

노동생산성의 산식(부가가치/종업원 수)을 분해하면 = ① 부가가치율(부가가치액/매출액) × ②종업원 1인당 매출액(매출액/종업원 수)이 된다. 따라서 노동생산성을 높이려면 ① 부가가치가 높은 제품을 만들어 부가가치율을 높이든지, ②종업원 1인당의 매출을 높이면 된다는 것을 알 수 있다.

【노동분배율】

계산식 : 노동분배율 = 인건비 / 부가가치액

또한 부가가치의 배분(인건비, 지급이자, 배당, 세금 등에 분배된

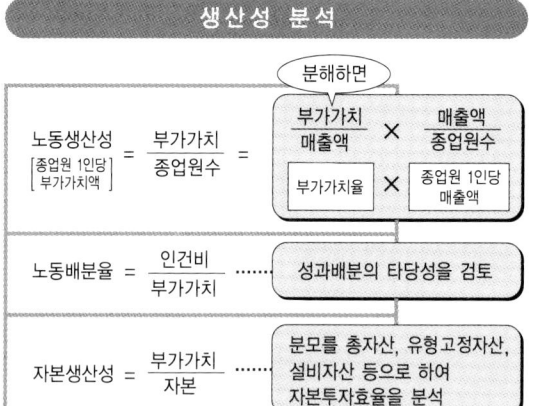

생산성 분석

분해하면

| 노동생산성 [종업원 1인당 부가가치액] | = | 부가가치 / 종업원수 | | 부가가치 / 매출액 | × | 매출액 / 종업원수 |
| | | | | 부가가치율 | × | 종업원 1인당 매출액 |

노동배분율 = 인건비 / 부가가치 ······ 성과배분의 타당성을 검토

자본생산성 = 부가가치 / 자본 ······ 분모를 총자산, 유형고정자산, 설비자산 등으로 하여 자본투자효율을 분석

다)에서 가장 많은 양을 차지하는 부분이 인건비로 노동분배율은 이것이 타당하게 배분되었는지를 측정하는 지표이다. 이 비율을 동업종의 다른 회사나 자사의 과거수치와 비교하여 성과배분의 타당성을 분석할 수 있다.

【자본의 생산성】

계산식 : 자본생산성 = 부가가치 / 자본

자본투입에 대해 어느 정도의 부가가치가 산출되었는지를 알아보는 것이다. 이 산식의 분모로 자본 대신 총자산, 유형 고정자산, 설비자산으로 하여 각각의 자본투자효율을 분석할 수 있다.

5-1 손익분기점 분석① 개요

좀더 세밀한 분석을 하려면 손익분기점 분석을 실시한다. 손익분기점이란 기업의 손익이 '0'이 되는 점, 즉 적자에서 흑자로 바뀌는 기점이다. 정리하면 비용을 매출액에 따라 증감하는 변동비와 매출액과 관계없이 고정적으로 발생하는 고정비로 분류한 다음 이 고정비를 모두 회수하고 이익을 내는 채산점을 말한다.

예를 들어 경영 관련 무료책자 출판사업을 시작했다고 하자. 사무실 임대료가 월 400만 원, 컴퓨터와 출판, 인터넷 환경 대여료가 월 100만 원, 종업원 급여가 월 500만 원, 그 외의 경비가 월 400만 원이 들어간다면 이 사무실의 고정비는 합계 월 1,400만 원이다. 무료로 배포되는 책자이므로 매출액은 광고수익으로 광고를 수주하는 영업대리점에 매출액의 30퍼센트를 수수료로 제공하는데 이 30퍼센트가 사업의 변동비가 된다. 영업일을 월 20일로 하고 하루 평균 매출액이 ①80만 원, ②100만 원, ③120만 원일 경우 각각의 손익은 어떻게 되는지를 알아보자.

손익분기점(1) - 개요

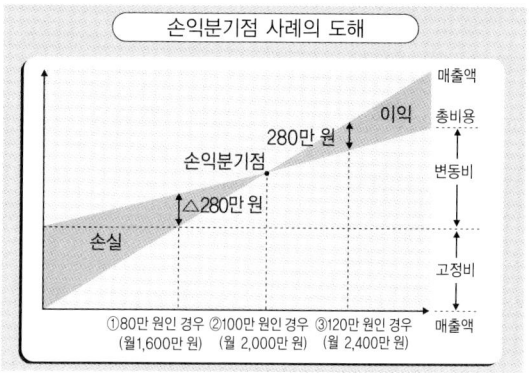

①80만 원인 경우 : 매출액=80만 원×20일=1,600만 원,
고정비=1,400만 원, 변동비=1,600만 원×30%=480만 원
∴매출액− 변동비−고정비=△280만 원(손실)

②100만 원인 경우 : 매출액=100만 원×20일=2,000만 원,
고정비=1,400만 원, 변동비=2,000만 원×30%=600만 원
∴매출액−변동비−고정비= 0원 (손익 '0')

③120만 원인 경우 : 매출액=120만 원×20일=2,400만 원,
고정비=1,400만 원, 변동비=2,400만 원×30%=720만 원
∴매출액 −변동비−고정비=280만 원(이익)

위의 예에서는 ②100만 원인 경우의 2,000만 원이 손익
분기점이 되는 매출액이다.

손익분기점 분석② 계산식과 활용

【손익분기점 계산식】

5-1에서 든 사례에서는 광고란 하나를 10만 원에 팔면 판매수수료로 대리점에 변동비 3만 원을 낸다. 따라서 남은 7만원을 모아서 고정비 1,400만 원을 지불해야 한다. 이때 매출액에서 변동비를 뺀 7만 원을 한계이익(매출액-변동비)이라 한다. 광고란을 하나 팔 때마다 수중에 남는 한계이익이 축적되어 1,400만 원이 되었을 때 급료, 사무실 임대료 등의 모든 경비를 채워 넣을 수 있다. 이 매출액 10만 원 안에서 차지하는 한계이익의 비율을 한계이익률(한계이익 / 매출액)이라고 한다.

또한 손익분기점이란 손익이 0인 상태 즉 '한계이익=고정비'이므로 위에서 기술한 한계이익률의 산식에서 한계이익을 고정비로 바꾸면 '한계이익률 = 고정비 / 매출액'이 된다. 여기에서 좀더 전개하면 '손익분기점 매출액 = 고정비 / 한계이익률'이라는 등식이 성립한다.

【이익계획으로 활용】

손익분기점 분석에 의해 매출액, 비용, 이익의 인과관계가 명확해졌으므로 채산성 검토뿐 아니라 장래의 이익계

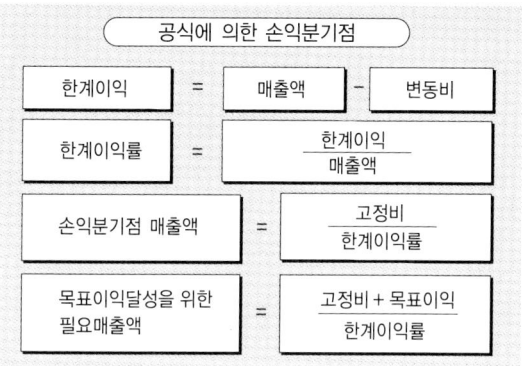

공식에 의한 손익분기점

| 한계이익 | = | 매출액 | - | 변동비 |

$$\text{한계이익률} = \frac{\text{한계이익}}{\text{매출액}}$$

$$\text{손익분기점 매출액} = \frac{\text{고정비}}{\text{한계이익률}}$$

$$\text{목표이익달성을 위한 필요매출액} = \frac{\text{고정비 + 목표이익}}{\text{한계이익률}}$$

산에도 활용할 수 있다. 예를 들어 고정비 500만 원, 한계이익률이 40퍼센트인 기업이 1,000만 원의 이익을 목표로 삼았을 때 필요매출액을 산출해 보자.

손익분기점 매출액은 고정비 500만 원/한계이익률 40%= 1,250만 원이고, 목표매출을 달성하기 위한 필요매출액은 (고정비 500만 원+목표이익 1,000만 원)/한계이익률 40%=3,750만 원이다. 산식은 '(고정비+목표이익)/한계이익률' 이 된다.

원가계산

【원가계산의 필요성】

　원가구조의 파악은 사업의 수익성을 평가할 때 필요하며, 경영전략에서 매우 중요한 개념 가운데 하나다.

【원가계산의 순서】

　원가계산의 순서는 ①요소별(비목별) 계산 ②부문별 계산 ③제품별 계산의 순서로 진행된다. 요소별(비목별) 계산은 원가를 재료비, 인건비, 경비 등 비목별로 산출하는 계산이고, 부문별 계산이란 예를 들면 공장별로 나누어 원가를 산출하는 것을 말한다. 그리고 제품별 계산에서는 각 부문의 제품을 종류별로 나누어 계산한다. 이렇게 하면 판매가에 대한 원가를 제품별로 파악할 수 있어 채산성을 평가하기 쉽다. 하지만 어떤 식으로 원가를 제품별로 할당할 것인가 라는 문제가 있다. 원재료비 등의 직접제조원가는 사용한 분량만큼 제품에 할당하고 간접제조원가는 매출액 등의 합리적인 배부기준에 따라 배분한다.

【전부원가계산과 직접원가계산】

　전부원가계산이란 변동비와 고정비를 구분하지 않고 비용을 제품원가로 처리하는 원가계산이다. 이것은 종합적

직접원가계산에 따른 손익계산서

매 출 액	1,000,000
−) 변 동 비	600,000
한계이익	400,000
−) 고 정 비	250,000
이 익	150,000

손익구조가 명확해지고 채산성 파악이나
이익관리가 용이

인 원가관리를 할 수 있다는 데 장점이 있지만 고정비가
제품제조원가에 포함되므로 생산량의 증감에 따라 제품단
위당 원가가 달라진다는 단점이 있다.

한편 직접원가계산은 변동비와 고정비를 구분하여 변동
비만을 제품원가로 산정하는 원가계산이다. 이 방법에서
는 제품단위당 원가가 일정하기 때문에 손익구조가 명확
해져서 업적관리 등의 의사결정을 하는 데 유용한 정보를
제공할 수 있다.

5-4 ABC와 ABM

【ABC (Activity Based Costing : 활동기준 원가계산)】

ABC는 간접비를 분석하여 정확한 원가계산을 하기 위한 목적으로 미국에서 처음 등장했다. ABC란 사람과 기계 등의 경영자원에서 발생하는 비용을 구매, 생산, 판매 등의 활동단위(Activity)에 배분하고 활동단위별로 집계된 비용을 제품과 서비스로 집계하는 원가계산방식이다.

종래의 원가계산은 요소별로 집계된 비용을 각 부문에 할당하면서, 매출이나 종업원 수, 매장 면적 등을 기준으로 제품·서비스에 배분하는데 반해, ABC는 부가가치를 창출하는 가치과정인 활동단위별로 비용을 파악한다. 이를 통해 정확한 제품원가의 파악이 가능해지며, 간접비의 비용 대비 효과 파악이 가능함에 따라 잉여 비용을 삭감할 수 있게 된다. 또한 ABC를 통해 얻는 비용정보는 고객별 채산관리, 비즈니스 프로세스 리엔지니어링(BPR) 등에도 활용할 수 있다.

【ABM(Activity Based Management : 활동기준 경영관리)】

ABM이란 ABC를 활용하여 관리(Management)하는 방법으로 활동단위를 관리하고 개선하는 기법을 말한다. ABC

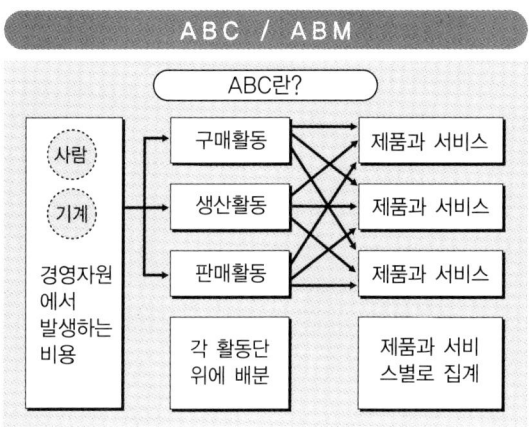

를 통해서 활동단위가 정의되고 비용과 규모를 파악할 수 있지만 이것만으로는 활동의 어디를 개선해야 하는지 찾아내기가 어렵다. 이것을 판단하려면 기업의 경영전략, 경쟁기업, 목표고객, 목표고객의 요구 등 각종 경영정보가 필요하다. ABC를 통해 얻은 정보와 이런 다양한 정보를 모두 더해 업무개선을 실시한다.

분권조직의 관리회계

【분권조직】

　기업은 규모가 점점 커짐에 따라 집권조직에서 분권조직으로 이행한다. 분권조직으로 먼저 직능별 조직을 들 수 있다. 직능별 조직은 영업부 등의 경영 직능별로 조직되어 전문성을 추구한다. 그러나 규모가 확대됨에 따라 사업이 다각화되면 섹셔널리즘 등의 문제가 나타난다. 그래서 등장한 것이 사업부제이다. 사업부제란 생산, 판매, 경리 등 사업운영에 필요한 모든 기능을 각 사업부에서 맡아서 하는 조직이다. 사업부는 제품별, 지역별 등으로 나누어지는데 각각이 이익에 대한 책임을 진다.

【분권조직의 회계】

　관리책임자의 업적을 측정하기 위해 각 사업부의 손익계산서를 작성한다. 먼저 매출액에서 변동비를 차감하여 한계이익을 산출한다. 그리고 고정비 가운데 관리 책임자가 관리 가능한 사업부 고정비를 차감한 공헌이익을 산출한다. 관리책임자는 이 공헌이익에 대해 전면적인 책임을 지게 된다. 또한 최고 경영층에서는 공헌이익에서 본사 공통비를 뺀 최종이익을 구해 의사결정에 활용한다.

사업부제에서의 손익계산서

	○○사업부	××사업부	회사 전체의 손익
매출액	300,000	500,000	800,000
-) 변동비	100,000	200,000	300,000
한계이익	200,000	300,000	500,000
-) 사업부고정비	80,000	120,000	200,000
공헌이익	120,000	180,000	300,000
본사공통비			230,000
순이익			70,000

【컴퍼니제(Company System)】

컴퍼니제란 사업부를 사내 분사화해서 사업부제보다 엄격한 독립채산제를 채용하는 분권조직이다. 컴퍼니제에서는 손익계산서뿐 아니라 B/S까지 업적평가 대상이 된다. 관리책임자는 투자의 권한도 부여받으므로 투자이익률이 평가의 기준이 된다.

제 4 장

기업재무

(CORPORATE FINANCE)

기업재무는 경영에서 논리적으로 의사결정을 하기 위한 하나의 도구이다.

 예를 들면 기업 인수합병(M&A)이나 설비투자를 검토할 때 오랜 친분이 있는 사이라거나 큰 폭으로 가격할인을 해준다는 등의 이유로 의사결정을 해서는 안 된다. 그 타당성과 채산성을 예측하고 파악하기 위해 재무적인 사고를 활용해야 한다.

 이번 장에서는 '시간적 가치의 중요성'을 기본 축으로 하여 투자결정과 M&A 등을 염두에 둔 기업가치의 평가 등 기업의 장래 활동에 관해 의사결정을 내리는 과정을 검토한다.

 제1절에서는 기업 활동 가운데 재무의 역할, 즉 기업재무의 목적과 그 역할에 관해 설명하고 있다.

 제2절에서는 위험(Risk)과 시간적 가치 등 투자에 관한 의사결정을 하기 위해 필요한 사고법과 기법을 실물옵션 등의 새로운 이론을 소개하면서 알아보기로 한다.

 제3절에서는 WACC와 CAPM 등 자금조달과 자본정책을 행할 때 필요한 기법을 중심으로 자본구성과 배당 등 이와 관련된 영역을 살펴본다.

 제4절에서는 기업재무를 총정리 하는 의미에서 1절에

서 3절까지 나온 전제와 기법을 배경으로 기업 가치를 산출하는 방법을 알아본다.

1-1 기업활동과 기업재무

【기업활동의 목적】

기업활동의 목적이란 무엇일까? 기업활동의 목적은 주
주에 대해서 배당이나 자본이득(Capital Gain) 등의 경제적
가치를 창출하는 데 있다. 이 궁극적인 목표를 달성하려면
기업은 '기업가치'를 창조해야 한다. 기업재무의 목적은
바로 이 '기업가치를 향상시키는 일'이다.

'기업가치'란 '기업활동을 통해 어떤 식으로 이익을 창
출할 수 있는가'를 뜻한다. 즉 조달한 돈과 여기에서 발생
하는 경비보다 많은 이익을 내면 기업가치를 향상시킬 수
있다.

【기업재무의 역할】

기업가치를 높이려면 기업 내의 재무기능을 활용해 어
떤 식으로 의사결정을 내려야 할까? 기업가치를 높이기
위한 재무의 역할을 크게 나눠보면 다음 3가지가 있다.

①투자의 결정 : '자본비용보다 높은 이익을 얻을 수 있
는 사업에 어떤 식으로 투자할까'라는 투자에 관한 의사

기업재무의 역할

기업재무의 역할

투자결정 ｜ 자금조달 ｜ 배당정책

기업가치의 향상

결정을 하는 역할.

②자금의 조달 : '자본비용(기업가치를 유지하기 위해 필요한 수익률)을 고려하여 부채와 주주자본의 균형을 어떤 식으로 잡아야 할까'라는 자금조달부분에서 의사결정을 하는 역할.

③배당에 관한 정책 : '어느 정도의 이익을 배당으로 분배하고, 또 얼마를 내부유보자금으로 두어야 할까'라는 배당정책에 관한 의사결정을 하는 역할.

2-1 시간적 가치와 현금흐름할인 분석법

그렇다면 기업이 실시하는 투자결정은 어떤 기준으로 판단할 수 있을까? DCF법(Discounted Cash Flow. 현금흐름할인 분석법)과 NPV법(순현재가치법)을 이용하면 된다. 많은 사례에 적용할 수 있는 DCF법은 장래의 현금흐름을 현재가치로 할인하여 계산하기 때문에 주주나 채권자가 기대하는 수익률(자본비용)로 할인하여 투자 안이나 자산 가치를 측정한다. 한편 NPV법은 DCF법에 의해 산출된 투자안의 가치가 실제로 투자할 가치가 있는지를 판단하기 위한 도구이다. 즉 미래의 현금흐름(투자 후의 현금유출입)을 현재가치로 계산하여 투자액을 차감한 후 이 NPV가 이익인지 손실인지에 따라 투자를 결정하는 방법이다.

예를 들어 현재 30억 원을 투자하여 1년 동안 1억 5천만 원의 수익을 확실히 벌어들일 수 있는 투자 안이 있다고 하자. 현재의 금리가 2%라고 한다면 내년의 31억 5천만 원은 올해(현재)의 약 30억 8천 8백만 원(=31억 5천만 원/1.02)과 같은 가치가 있다고 할 수 있다. 즉 2%의 금리로 약 30

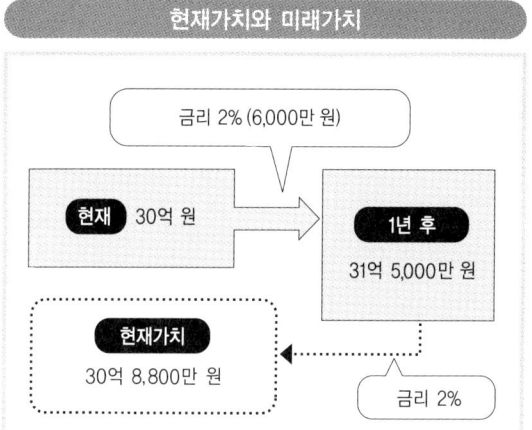

현재가치와 미래가치

금리 2% (6,000만 원)

현재 30억 원

1년 후
31억 5,000만 원

현재가치
30억 8,800만 원

금리 2%

억 8천 8백만 원을 운용하면 내년에는 31억 5천만 원이 되므로 이 30억 8천 8백만 원을 내년의 31억 5천만 원의 현재가치(PV)라고 하며, 내년의 31억 5천만 원은 현재의 30억 8천 8백만 원의 미래가치(FV)라고 한다. 여기에서 투자 예정액인 30억 원과 1년 후의 31억 5천만 원의 현재가치인 30억 8천 8백만 원을 비교하면 이 투자 안의 NPV가 현재가치보다 더 크므로(30억 8천 8백만 원−30억 원=8천 8백만 원, NPV>0) 이 투자를 해야 한다는 판단기준을 이끌어 낼 수 있다.

2-2 투자평가 방법

투자평가 방법은 NPV법을 포함해 여러 가지 방법이 있으므로 결정을 내려야 할 투자안의 전제조건의 종류와 유형에 따라 가장 적합한 평가방법을 선택해야 한다.

그리고 조건이 다음과 같은 경우 투자결정을 판단한다.

(1) 순현재가치(NPV)법 :

　　[현금흐름의 현재가치-초기투자액 > 0]

(2) 내부수익률(IRR. 투자의 현재가치가 '0' 이 되는 할인율) :

　　[내부수익률 > 기대수익률]

(3) 수익성지표(Profitability Index. 현금흐름의 현재가치/초기투자액) :

　　[현금흐름의 현재가치/초기투자액 > 1]

(4) 할인회수기간(Discounted Payback Period. 현금흐름의 현재가치를 사용하여 투자금액을 몇 년 만에 회수할 수 있는지를 나타낸 숫자) :

　　[할인회수기간 < 목표회수기간]

예를 들어 일정기간 사업의 현금흐름 크기뿐 아니라 실제로 현금흐름이 창출되는 '시점'도 고려하면서 의사결

종 류	계 산	투자판단기준
순현재가치법 (N P V 법)	현금흐름의 현 재 가 치 – 초기투자액	NPV 〉 0이면 투자 NPV 〈 0이면 투자하지 않는다
내부수익률 (I R R)	계산이 복잡하므로 표계산 소프트웨어의 함수기능 (IRR)을 활용하여 산출하 는 방법이 현실적이다	IRR 〉 기대수익률 이면 투자 IRR 〈 기대수익률 이면 투자 하지 않는다
수익성지표 (P I)	현금흐름의 현재가치/초 기투자액	PI 〉 1 이면 투자 PI 〈 1 이면 투자하지 않는다
할 인 회 수 기 간 법	현금흐름의 현재가치 합계 액을 투자액으로 나누어 회수하는 기간을 구한다	회수기간 〈 목표회수기간 이면 투자 회수기간 〉 목표회수기간 이면 투자하지 않는다.

정을 해야 할 경우, 순현재가치, 내부수익률, 수익성지표
등으로 검토할 수 있다. 또 여러 프로젝트 가운데에서 최
적의 해답을 선택해야 할 때는 내부수익률, 수익성지표는
적절하지 않으므로 NPV를 통해 결정해야 한다.

이처럼 각 투자 안에 따라 투자결정방법이 달라진다. 따
라서 투자결정을 할 때는 여러 사항을 검토한 후에 상황에
따라 각 조건에 우선순위를 매겨 적절한 평가방법을 선택
하도록 한다.

2-3 투자 리스크

미래에 대한 예상을 기초로 투자의사 결정을 하게 되는데 이때 이 예상 수치가 얼마나 확실한지가 대단히 중요한 문제로 대두된다. 물론 투자에는 어느 정도의 리스크가 따르기 마련이지만 실제로는 이 리스크가 어떤 식으로 나날까? 일반적으로 '리스크'라고 하면 '위험'으로 받아들이는 경향이 있는데 실제로는 확실성의 변동 폭, 즉 '불확실성'을 가리킨다.

이 리스크를 몇 가지 유형으로 나눌 수 있다. 예를 들면 대부분 투자가는 리스크를 줄이기 위해 금융자산과 증권 등을 여러 종목으로 나누어 분산투자(Portfolio. 포트폴리오)를 한다. 기업의 주식은 전체로서는 주식시장에 연동하여 움직이지만 개별 주식을 살펴보면 업종이나 개별 사정에 따라 다른 움직임이 나타난다. 이것이 시장리스크와 개별리스크이다.

시장 리스크는 금리 등 경제 전체와 관련된 요인으로 주식시장과 연동하여 발생하는 개별주식의 움직임을 말한다. 따라서 일반적으로 시장리스크는 피할 수 없다. 한편 개별 리스크는 주식시장과는 관계없는 독자적인 움직임이

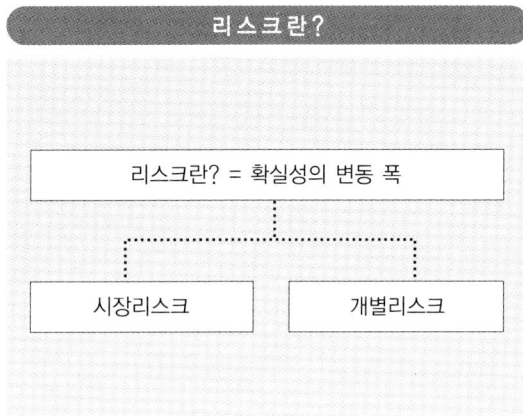

리스크란?

리스크란? = 확실성의 변동 폭

시장리스크   개별리스크

다. 예를 들어 어느 가전업체의 주식을 보유하고 있다고
하자. 그 업체의 생산라인에 결함이 있어 리콜로 전 제품
을 시장에서 회수해야 하는 경우 그 업체의 주식이 급락한
다. 이것이 개별리스크이다. 이런 개별리스크를 줄이려면
한 업체에만 집중적으로 투자하는 것이 아니라 다른 투자
안과 병행해야 한다. 이것을 분산투자라고 한다.

2-4 베타(Beta)

그런데 시장리스크는 어떤 식으로 표시할까? 리스크 지수인 β(베타)는 시장의 변동에 대한 주식의 반응도를 나타내는 것으로 개별주식(또는 포트폴리오)이 증권시장 전체의 움직임에 대해서 얼마나 민감하게 반응하여 변동하는가를 나타내는 수치이다.

β = 개별주식의 변동/주식시장 전체의 변동

회사의 주가와 시장 전체 주가의 움직임과 상관관계가 있는 베타값은 기업별로 과거 주가와 시장이 움직이는 추세(Trend)에서 통계적으로 산출하는데 일반적으로 최근 5년 동안의 자료가 주로 사용된다.

예를 들어 어느 종목의 β가 1.5라는 말은 시장 전체가 10% 상승하면 그 종목은 15% 상승하고 반대로 시장전체가 10% 하락하면 그 종목은 15% 하락한다는 의미다. 주가가 전체 시장과 완전히 일치하여 움직인다면 β는 '1', IT산업 등 업적의 변동이 큰 업종에서는 β가 '1'을 넘고, 주가의 움직임이 안정된 전력 등의 안정업종에서는 '1' 미만이 된다. 따라서 β는 전체 시장이 상승한다고 판단되는 경우에는 β가 높은 종목에 투자하거나, 포트폴리오 전체

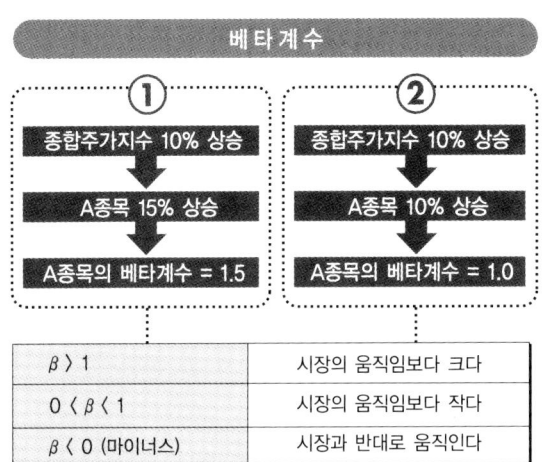

$\beta \rangle 1$	시장의 움직임보다 크다
$0 \langle \beta \langle 1$	시장의 움직임보다 작다
$\beta \langle 0$ (마이너스)	시장과 반대로 움직인다

의 β를 '1'로 만들어 시장 전체와 연동시키는 방식으로 운용을 할 때 주식종목 선택에 이용된다.

종합주가지수를 예로 들면 다음과 같다.

①종합주가지수 10퍼센트 상승, A종목 15퍼센트 상승

　→A종목의 베타계수 = 1.5

②종합주가지수 10퍼센트 상승, B종목 10퍼센트 상승

　→B종목의 베타계수 = 1.0

2-5 새로운 투자평가방법 〈실물옵션〉

옵션(Option)이란 '옵션매입자가 일정 기간 동안에 미리 약정한 가격, 즉 행사가격(Exercise Price)으로 자산을 사거나 팔 수 있는 권리' 이다. 여기에서 핵심은 의무가 아닌 권리라는 부분에 있다. 즉 이 권리를 취득함으로써 상황에 따라 유연하게 행동할 수 있다. 실물옵션은 실물자산과 프로젝트에 대한 평가에 금융공학의 옵션이론을 적용한 것이다. 불확실성이 높은 프로젝트는 앞에서 설명한 NPV법에서 NPV<0이 되는 예가 많아 '투자를 하지 않겠다' 는 판단을 내리게 되나 단계적인 투자 등을 하는 경우에는 실물옵션에서 장래의 투자에 대한 유연성의 가치를 평가하기 때문에 수치가 '0' 보다 높아져 '투자를 한다' 는 판단을 할 수도 있다.

예컨대 신규사업을 시작한 첫 해에 10억 원을 투자했는데 그 다음 해에 사업을 확대하기 위해 300억 원의 투자가 더 필요하다고 하자. 이 경우 첫 해에 10억 원을 투자하고 사업에 참여했다면 경영자는 시장동향이 명확해진 그 다음 해에 그 시장의 움직임이 좋다면 300억 원의 추가투자를 감행하여 본격적으로 이 사업에 참여할 수 있으며, 반

실물옵션 (Real Option)	
연기옵션	프로젝트 개시를 연기할 수 있는 권리
중지옵션	프로젝트를 도중에 중지할 수 있는 권리
축소옵션	일부를 매각하여 프로젝트를 축소할 수 있는 권리
확장옵션	투자액을 증액하여 프로젝트를 확장할 수 있는 권리
연장옵션	프로젝트 기간을 연장하는 권리
스위칭옵션	제조 공장시설을 중지한 후에 재가동 시키는 등 유연하게 전환할 수 있는 권리

출처:톰 코프랜드, 블라디미르 안티카로프 《실물옵션》

대로 악화되었다면 추가투자를 하지 않고 손을 떼면 된다. 추가로 투자하지 않고 초기투자액 10억 원의 손실로 끝내는 것이다. 이와 같이 투자에 대한 유연성의 가치가 NPV에서는 반영되지 않는 반면 실물옵션에서는 반영된다.

실제 경영에서의 경영자는 유연성을 고려하여 의사결정을 하기 때문에 NPV보다 실물옵션이 훨씬 현실적이라 할 수 있다.

한편 톰 코프랜드는 실물옵션을 위의 표와 같이 분류하고 있다.

3-1 　자본비용(WACC : 가중평균자본비용)

투자를 고려할 때 또 한 가지 필요한 요소가 자본비용이다. 자본비용이란 자금의 조달금리를 가리킨다. 바꿔 말하면 기업이 조달한 자금에 대해 주주나 채권자 등의 자금제공자가 요구하게 되는 최소한의 수익률, 즉 '기대수익률'을 의미한다. 구체적으로 설명하면 부채와 자본으로 자금을 조달하므로 이 두 가지의 조달금리를 가중 평균한 다음의 산식을 이용하여 구할 수 있다. 이것을 WACC(Weighted Average Cost of Capital), 즉 자본비용이라고 한다. 또한 DCF법에서 자본비용도 WACC를 사용한다.

【가중평균자본비용(WACC)】

= 장기 유이자 부채의 시가/(장기 유이자 부채의 시가+주주자본의 시가)×이자율(1-법인세율)+주주자본의 시가/(장기 유이자 부채의 시가+주주자본의 시가)×주주자본의 자본비용

한편 투자가는 시가로 사채나 주식을 거래하기 때문에 가중평균에 사용하는 부채나 자본은 시가기준의 숫자를 이용한다. 또한 단기부채인 유동부채는 운전자본을 지지

$$WACC=D/(D+E)\times I(1-t)+E/(D+E)\times Re$$

D : 장기 유이자 부채의 시가

E : 주주자본의 시가

I : 이자율

t : 법인세율

Re : 주주자본의 자본비용

하는 것이므로 설비 등의 현금을 창출하는 자산에 배분할 수 없으므로 이 식에는 포함되지 않는다. 하지만 일본에서는 단기 차입금을 차환하는 관행이 있으므로 이러한 차입금은 실질장기 부채로 취급한다.

3-2 부채와 주주자본비용의 계산(CAPM)

부채와 주주자본의 자본비용 그리고 리스크에는 어떤 관계가 있을까? 부채의 자본비용(채권자가 요구하는 기대수익률)이란 지급이자 즉 금리이다. 하지만 지급이자는 법인세를 계산할 때 비용으로 인정되므로 절세비용분을 빼고 계산해야 한다.

부채의 자본비용 = 금리×(1−법인세율)

예를 들어 금리가 2%, 세율이 40%인 경우의 자본비용은 2%×(1−40%)의 식이 성립되므로 1.2%가 된다.

한편 주주자본의 자본비용(주주가 요구하는 기대수익률)은 '배당'과 '주식의 가격상승 이익'으로 나눌 수 있다. 만약 현재 5,000만 원을 투자하여 100만 원의 배당(Income Gain)과 400만 원의 차익(Capital Gain)을 얻었다면 이 두 가지를 합해 10%의 이익을 얻은 셈이 된다. 주주자본의 자본비용은 이 '수익률을 몇 퍼센트 기대할 수 있는가'를 말한다.

이 기대수익률은 리스크와 수익률이 정비례한다는 생각을 바탕으로 CAPM(Capital Asset Pricing Model. 자본자산 가격형성모델)이라는 이론에 의해 정식화되었다.

CAPM에 의한 자본비용의 산출

$$Re = Rf + \beta(Rm - Rf)$$

Re : 주주자본비용

Rf : Risk Free Rate

Rm: 주식시장의 기대 수익률

β : 베타계수

Rm-Rf : 시장의 Risk Premium

※Risk Free Rate : 리스크가 없는 투자 대상에서 얻을 수 있는 수익률, 일반적으로 10년짜리 국채의 수익률을 이용
※Risk Premium : 리스크가 높은 투자대상에 대한 기대 수익률의 상승분

　이렇게 계산된 부채와 주주자본 각각의 자본비용을 기초로 앞에서 설명한 WACC(가중평균자본비용)를 구할 수 있다.

3-3 자본구성

대차대조표 가운데 부채와 주주자본(Equity)의 비율을 자본구성이라고 하는데 자본구성은 기업 가치와 주가에 어떤 영향을 줄까? 먼저 완전히 효율적인 금융시장(완전자본시장)을 전제로 이론적인 결과를 도출한 다음 법인세와 도산의 가능성이라는 현실적인 요인을 고려하여 그 결과를 검토해보자.

완전자본시장 하에서 ①발생비용 없이 자유로운 거래가 가능하고 ②비용의 지출 없이 정보를 입수할 수 있으며 ③거래를 해도 가격에 영향을 주지 않는 조건과 ④법인세가 없는 상황에서는 자본구조를 바꿔도 주주나 채권자에게 귀속하는 현금흐름 합계액은 변화하지 않기 때문에 기업 가치와 주가는 변하지 않는다. 예를 들어 가족 가운데 누군가가 가정용 컴퓨터를 살 때 예금(자본. Equity)으로 사든, 부채(Loan)로 사든, 아니면 예금과 부채의 조합으로 사든 컴퓨터 자체의 가치는 변하지 않는다는 말이다. 이것이 모딜리아니&밀러(MM)의 법칙이다.

하지만 이론적인 세계와는 달리 현실의 세계에서는 채무불이행이나 도산 가능성 등의 요인으로 기업가치가 감

거래를 하더라도 가격에 영향을 주지 않는다 **③**	**①** 비용의 지출 없이 자유롭게 거래할 수 있다
법인세가 존재하지 **④** 않는다	**②** 비용의 지출 없이 정보를 얻을 수 있다

이런 조건하에서는 자본구조를 변화시켜도 주가에 영향을 주지 않는다. 하지만 실제로는 도산의 가능성 등 부채의 리스크와 자금조달 등의 상태를 검토한 다음 동업종의 다른 회사를 참고로 자본구성을 결정하는 것이 좋다.

소하는 부채 리스크가 있다는 점과 부채이자는 세금공제의 대상으로 법인세에 의한 절세효과로 기업 가치를 높일 수 있다는 점이 존재하기 때문에 이 두 가지의 균형을 조절하여 최적의 자본구조를 결정해야 한다.

그런데 실제로 이런 이상적인 해답을 구해 실행에 옮기기가 쉽지 않다. 따라서 '상환을 안전하고 확실하게 할 수 있는 범위'와 '자금조달의 가능성'이라는 두 가지 포인트를 전제로 동업종의 다른 회사를 참고로 하여 실시한다.

3-4 배당정책

기업과 금융·자본시장과 관련하여 마찰이 없는 완전자본시장의 전제하에서는 배당을 지급해야 할 필요성을 증명하기가 무척 어렵다. 오히려 이 문제는 '바람직한 배당정책'이나 '최적의 배당정책'이 무엇인가로 풀어나가야 한다.

완전한 금융·자본시장에서는 많은 배당을 지불하든, 배당을 지불하지 않고 내부유보자금으로 기업이 보유하든 '주주자본=총자산−부채'인 전제하에서는 배당이 기업 가치에 전혀 영향을 주지 않는다는 사실이 증명되었다.

즉 완전자본시장을 전제로 하면 기업의 배당정책이 주가에 영향을 주지 않는다는 결론이 나온다. 하지만 현실의 세계에서는 절세효과, 투자가의 기호(고객효과), 정보효과 등에 의해 배당이 주가에 영향을 줄 가능성이 있다. 따라서 기업은 재무정책의 일환으로서 배당정책을 확실하게 결정하여 투자가에게 제시해야 한다.

이제까지 주주에게 주식을 배분할 때 액면가를 기준으로 증자하는 방법이 일반적이었기 때문에 배당에 관해 논하는 상황에서는 주당 액면가와 비교해 얼마의 배당금이

배당률과 배당성향

■ 배당률 : 액면가에 대한 1주당 배당금의 비율

$$배당률(\%) = \frac{1주당\ 배당금}{액면가액}$$

■ 배당성향 : 당기(순)이익에 대한 배당금의 비율

$$배당성향(\%) = \frac{배당금액}{당기순이익}$$

지불되었는가를 나타내는 배당률이 일반적으로 사용되었다. 또한 배당률의 안정성(경영성과의 변동과는 상관없이 한 주 당 배당금을 낮게 책정하여 안정적으로 지불하는 것)이 중시되었다. 그러나 현재는 시장가격을 기준으로 증자하는 것이 주류가 되어 수익성 등에 관한 기업평가에서도 시가가 중요한 요소로 작용하기 때문에 배당률은 이제 그 의미가 퇴색되었다. 또한 당기순이익 중 배당으로 분배된 비율을 나타내는 배당 성향의 중요성이 커지고 있어, 주주에 대해 이익환원책으로서 배당정책을 투자자에게 제시할 필요가 있다.

4. 기업가치

4-1 DCF에 의한 기업가치 계산과 주의점

기업가치의 중요성은 어느 정도로 인식되고 있을까? 경영자에게 있어 기업가치의 향상은 경영 그 자체를 의미하므로 항상 신경을 써야 할 문제다. 더욱이 기업의 글로벌화를 비롯해 국내외 기업 사이에서 경쟁이 격화되면서 기업의 M&A가 확산되어 기업 가치를 수치로 산출해야 할 필요성이 더욱 높아졌다.

기업평가에는 다양한 기법과 접근방식이 있다. 그 가운데에서 M&A 등에 널리 이용되면서 이론적인 뒷받침도 탄탄한 방법이 'DCF법을 통한 기업평가' 이다. 구체적으로 설명하면 먼저 DCF법을 사용하여 장래 현금흐름의 현재가치를 산출한 다음 사업외 자산의 처분가격을 가산하고 유이자 부채를 차감하여 매수대상회사의 기업가치를 산출한다. 그리고 순현재가치(NPV)를 계산하여 매수여부의 의사결정을 한다. 이때 현실적으로 주의해야 할 점은 다음과 같다.

①비공개 기업에서는 자본비용을 계산할 수 없다.

DCF법에 의한 기업가치산출 프로세스

1 재무예측을 바탕으로 장래의 잉여현금흐름을 예측

2 이것을 자본비용으로 할인하여 현재가치를 산출

3 사업외 자산(유휴자산)의 처분가치를 예측하여 가산

4 유이자 부채를 공제

비공개 기업의 경우, β가 없으므로 직접적으로 자본비용을 계산할 수 없다. 상세한 설명은 생략하겠지만 이런 경우에는 공개된 같은 업종의 다른 기업(대용기업)의 β를 계산한 후 이를 기준으로 그 회사와 자사의 자본구조 차이를 조정하여 자사의 β를 추정한다.

②장래에 대한 예측에 의존하기 때문에 평가하는 사람에 따라 평가액이 크게 달라진다.

이것은 평가 전반에 걸친 문제이다. 완벽한 예측을 하기는 어렵다고 하더라도 최선의 예측(Best Knowledge)을 하려고 노력하거나, 업적에 관한 예측을 여러 개 준비하여 민감도 분석을 실시하는 등 기업평가를 점이 아닌 선의 형태로 만들어 그 틀 안에서 추정하여 계산해 나가야 한다.

4-2 기업가치의 산출 옵션(EVA와 MVA)

기업가치를 산출하는 방법으로 EVA와 MVA 방식을 살펴보기로 한다.

【경제적 부가가치(EVA：Economic Value Added)】

EVA는 기업의 가치창출 평가기준으로 재무회계 기준의 이익이 아닌 경제적 이익을 계측하는 척도이다.

일반적인 회계적 이익은 매출액에서 원재료비, 경비, 인건비, 감가상각비, 지급이자 등의 비용과 세금을 차감하는 형태로 계산하지만 경제적 이익은 매출액에서 자본코스트에 상당하는 이익액인 자본비용도 공제한다. 따라서 기업은 회계적 이익이 아니라 경제적 이익을 올려야 비로소 가치를 창조했다고 할 수 있다.

【시장부가가치(MVA：Market Value Added)】

한편 MVA는 기업의 시장가치(주식과 부채의 시가총액의 합계)에서 투하자본액을 뺀 금액이다.

효율적인 주식시장 하에서 기업의 시장가치는 기업이 장래 창출하는 잉여현금흐름(Free Cash Flow)을 가중평균자본비용으로 할인한 현재가치의 추정액이 된다. MVA는 기업의 시장가치에서 투자자본액을 뺀 것이므로 기업 전체

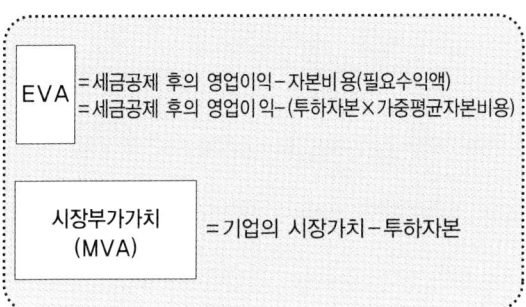

기업가치(EVA, MVA)의 계산식

EVA = 세금공제 후의 영업이익 − 자본비용(필요수익액)
= 세금공제 후의 영업이익 − (투하자본 × 가중평균자본비용)

시장부가가치
(MVA) = 기업의 시장가치 − 투하자본

투자활동의 순현재가치에 대해 주식시장이 추정한 수치를 보여준다고 생각할 수 있다. 따라서 MVA의 변화를 살펴보면 기업이 사업 활동으로 시장가치를 얼마나 높였는지에 대한 주식시장에서의 평가를 알 수 있다.

제 5 장

인적자원관리와 조직행동

(HRM & OB)

기업 내에서는 개인 혼자서 완벽하게 마무리 할 수 있는 업무란 극히 일부를 제외하고는 거의 없다. 즉, 기업은 기업경영이라는 틀 안에서 회사 내의 각 부서는 물론 고객이나 경쟁업체, 또는 제휴업체, 거래처 등 다양한 부분이 유기적으로 결합하여 각자의 기능을 다할 경우에 성장한다.

경영학 대학원 과정에서는 과목을 인적자원관리(또는 인적자본)와 조직행동학 등으로 나누어 사람과 조직에 대해 따로 학습하지만 여기에서는 여러분이 더욱 쉽게 이해할 수 있도록 다른 기능을 설명할 때와 같이 각각의 관련성을 명확하게 연결시켜 '사람과 조직'을 하나의 장으로 만들어 설명하려고 한다.

제1절에서는 사람과 조직에 연관된 다양한 이해관계자(Stakeholder)와 기업경영의 각 기능과의 관계를 전체적으로 이해하고, 사람과 그 사람이 모인 집합체인 조직이 어떻게 기업경영의 기초를 형성하고 다른 기능을 움직여 의사결정에 도달하게 되는지를 학습한다.

제2절에서는 기업의 혼이라고 할 수 있는 조직문화의 형성과정과 특징에 대해 검토한다.

제3절에서는 조직의 여러 형태에 대해 배우고 기업의 사업과 기업문화에 맞추어 자사의 조직형태를 어떤 식으

로 구성해야 하는지와 그 특징에 관해 알아본다.

제4절에서는 개인과 조직을 움직이는 동기유발(motivation)에 대해 알아보고, 대표적인 두 가지 이론을 배운다. 또한 실질적으로 동기유발의 도구인 인센티브(Incentive)에 대해 알아본다.

제5절에서는 조직을 이끄는 리더십과 조직 내에 강한 영향력을 행사하는 여러 종류의 힘(Power)에 관해 검토한다.

제6절에서는 이제까지 학습한 내용을 바탕으로 각 이론과 구조를 기업 안에서 어떤 식으로 도입하여 '인사시스템'을 구축해야 하는지를 살펴본다.

1-1 조직·인사와 이해관계자

조직은 내부·외부의 다양한 환경과 상호작용을 주고받으면서 기업경영의 중요한 의사결정을 해 나간다. 즉 기업이 현재의 상태를 유지하고 성장을 도모하려면 단순히 조직을 구성하는 내부의 개인이나 집단에 한정하여 결정을 내리지 말고, 여러 이해관계자(Stakeholder), 자연환경, 법률, 제도, 문화 등 조직에 영향을 주는 모든 요인을 의사결정에 적절하게 반영해야 한다는 의미다.

조직은 경영의 모든 자원을 효과적으로 조합하여 성과를 창출하고 나아가 새로운 자원을 만들어내는 체계이므로 다양한 이해관계자를 고려하면서 기업의 사업 활동을 구성해 가는 경영전략론과 밀접한 관계가 있다. 인사부문이 따로 독립되어 강력한 영향력을 발휘하는 대부분의 기업에서는 일괄채용, 교육에서 배치, 평가, 급여제도의 운용 등의 기능만이 부각되는 경향이 있는데 사실 회사 전체의 전략을 실행하는 가장 중요한 핵심은 사람과 그 사람이 모여 만든 조직이므로 전략을 입안하여 실행하기까지 사

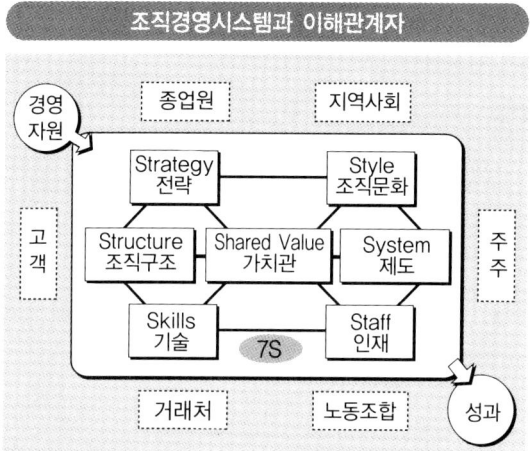

람이 주체적인 역할을 담당하도록 해야 한다.

그림의 굵은 네모 안에 들어 있는 7가지 요소(7S. 전략, 조직문화, 조직구조, 가치관, 제도, 기술, 인재)는 기업경영에서 상호작용을 하는 요인들을 나타낸 것이다. 이처럼 조직이란 단순한 구조가 아닌 전략과 문화(공유하는 가치관), 제도, 구성원의 기술 등이 톱니바퀴처럼 맞물려 돌아가면서 성과를 창출하는 집단이다.

2-1 조직문화의 형성과정과 특성

앞에서 기술한 상호작용 관계에 있는 조직이나 경영체계에 있어서, 출발점과 축을 이루는 것은 무엇일까? 그것은 바로 창업자의 가치관과 리더십, 성공과 실패의 체험 등 조직의 역사를 반영하는 조직문화이다.

일반적으로 조직문화는 사훈, 경영이념이라는 형태로 창업자의 이념과 철학을 전달한다. 또한 이 이념과 철학은 회사의 경영방침을 대표하는 축으로 사원을 선발하는 기준이 된다. 이렇게 채용된 사람들은 시간이 흐름에 따라 장래의 조직과 전략적 의사결정을 담당할 관리자가 되어 새롭게 조직에 참여하는 구성원들에게 아침조례와 신입사원 연수 등으로 대표되는 의식이나 교육훈련, 상징적인 기호, 조직의 독자적인 언어 등 공식, 비공식적인 과정을 통해 그 조직 특유의 행동양식을 자연스럽게 전수하여 계속적인 흐름을 만들어 나간다. 그 결과 서서히 조직의 독자적인 문화가 형성되어 유지, 강화된다.

조직문화의 특성으로 경직성을 들 수 있는데 이렇게 형

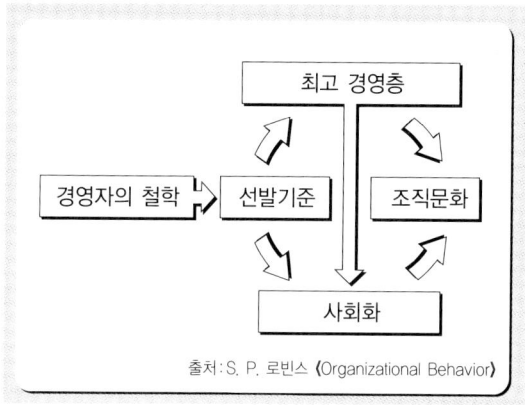

최고 경영층

경영자의 철학 → 선발기준

조직문화

사회화

출처 : S. P. 로빈스 《Organizational Behavior》

성된 조직문화가 강할수록 그것을 바꾸기가 무척 힘들어지기 때문이다. 조직문화가 구성원들에게 깊이 침투되면 '조직=사회'라는 좁은 세계관이 형성되어 굳어지는 경우도 있다.

따라서 일단 형성된 조직문화를 새롭게 바꾸려면 비전과 같은 추상적인 목표와 함께 구체적인 행동지침 등을 명시하여 어느 단계에서 어떤 식으로 행동해야 할지 구성원이 판단할 수 있는 내부적인 조직형성이 필요하다.

2-2 조직변혁의 과정

　그렇다면 조직변혁이라는 지속적이고 복잡한 과정을 구체적으로 나타내 보면 어떻게 될까? 레빈(Lewin)은 조직처럼 유기적인 시스템에서는 변혁을 재촉하는 촉진력과 그것을 억누르는 억제력이 함께 작용하는데 이 둘의 균형이 깨졌을 때 새로운 균형상태를 추구하여 변혁이 일어난다는 '장의 이론(Field Theory)'을 전개했다. 그는 이 이론을 설명하기 위해 변혁의 과정을 '해동→변혁→재동결'이라는 3단계로 나누어 제시했다.

　①해동: 조직의 구성원에게 변혁의 필요성을 인식시켜 심리적인 저항을 줄이는 단계

　②변혁: 해동으로 말미암아 동기가 부여된 방향을 향해 실제로 변혁을 실행하는 단계

　③재동결: 혼돈된 상태를 정리하여 안정시키는 단계(새롭게 만들어진 균형상태를 정착)

　실제로 변혁을 단행하면 변화를 반대하는 저항(세력)이 생기기 마련인데 이것이 변혁에 대한 저항력으로 작용한다. 조직적인 저항으로는 정치적인 힘의 균형이 붕괴되는 것에 대한 위협, 기득권으로서 현재의 자원분배가 축소될

조직변혁의 과정(H. J. Leavitt)

구조적 접근

조직도, 예산편성방법, 규칙, 규제 등의 공식적인 지침과 절차의 변혁

기술적 접근

작업장의 위치배열, 작업방법, 직무내용 등 작업흐름의 재편성

인간적 접근

교육훈련, 채용절차, 업무평가체계 등의 재검토에 따른 조직구성원의 태도, 동기부여와 행동능력의 변혁

것에 대한 우려, 현재의 상태를 우선으로 내세우는(관습주의를 포함) 구조적, 집단적인 관행 등이 있다. 이런 저항을 극복하는 방법으로 교육(기업내 연수), 회사 내 의사소통 과정의 개선, 현장의 조직구성원을 의사결정 과정에 참여시키는 등의 합리적 수단과 교섭, 강제력 같은 힘의 행사를 동반한 정치적 수단을 들 수 있는데, 현실적으로는 이 두 가지 수단을 적절히 조합하여 변혁 과정을 실행에 옮긴다.

3. 조직 형태

3-1 기능별 조직

조직도 안에는 '직원의 의욕을 일으키게 하려면 어떻게 동기를 부여해야 할까', '어떤 식으로 직무영역을 설정할까', '조직 내의 누가 무엇에 관해 결정권한을 갖는가', '어떤 방법으로 정보 전달을 실시할까' 등의 중요한 결정 사항이 포함되어 있다. 또한 조직 형태를 기획하려면 경영 환경, 성장단계, 조직문화 등도 고려해야 한다.

이제부터는 이런 요인들을 검토한 결과를 바탕으로 조직의 세 가지 형태에 대해 설명하겠다.

【기능별 조직】

기능별 조직은 개발, 제조, 판매 등의 경영 기능별로 조직을 편성한 형태를 말하며 기능별 전문성을 높이는 데 적합하다.

기능별 조직에는 같은 업무를 담당하는 직원이 한 조직 안에 집결되어 있기 때문에 기술이나 지식을 전달하고 공유화하는 데 유리하므로 전문성과 효율성을 추구할 수 있다는 장점이 있다.

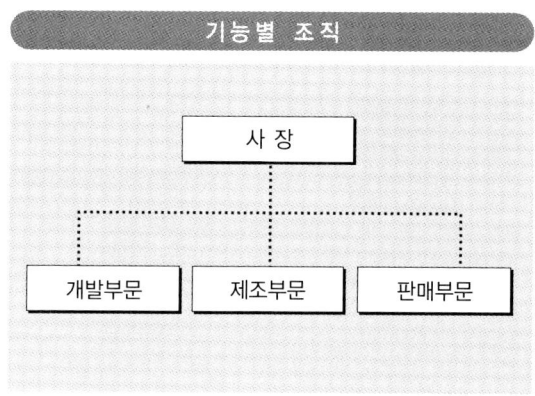

기능별 조직

사 장

개발부문　제조부문　판매부문

　한편 문제점으로 조직의 권한이나 책임이 한정되어 있어 모든 사물을 전문적인 시각에서만 편중하여 보는 경향을 들 수 있다. 그래서 회사 전체 이익의 최대화보다 각 조직의 이익을 최대화하는 데 치중하기 때문에 폭넓은 지식이 있는 관리자를 육성하기 힘들고, 조직 사이에서 분쟁이 일어나기 쉽다. 그 결과 최종적인 의사결정이 최고 경영층에 집중되어 각 부서의 의견을 조정하는 데 많은 노력이 들고, 결정을 내리는 데 시간이 오래 걸리는 사태가 발생한다. 또한 책임소재가 명확하지 않다는 결점도 있다.

기업의 규모가 커지면 본사가 모든 사업에 대한 의사결정을 내리는 형태는 비효율적이기 때문에 조직을 몇 개의 사업부로 나누어 권한을 이양해서 운영한다. 사업부제란 기업의 조직을 사업부별로 구분하여 편성된 조직(사업부)이 본사 아래에 배치된 조직 형태를 말한다.

사업부 조직은 조직이 창출하는 성과에 초점을 맞춘 조직 형태로 제품, 시장, 고객, 지리적 입지 등을 기준으로 결정한다. 이 조직 형태에서는 분권화로 인해 사업부를 총괄하는 사업부장이 대부분의 경영판단을 일임하게 되므로 의사결정이 신속해진다. 동시에 관리직이 빠른 시간 안에 폭넓게 의사결정에 참여할 수 있기 때문에 관리기술을 효율적으로 흡수할 수 있어 사업부 사이의 경쟁도 활발해진다. 게다가 사업부 조직은 분권화되어 있어 책임의 소재가 명확하므로 문제해결을 위한 행동을 민첩하게 취할 수 있다는 장점도 있다.

실제로 사업부제를 채택할 때는 다음 사항을 검토하지 않으면 안 된다.

①어떤 기준으로 사업을 편성할 것인가? 상품별, 지역

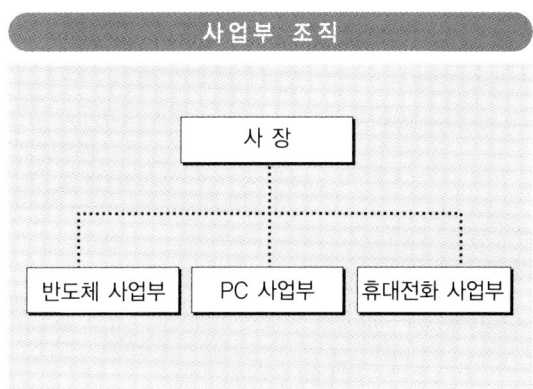

사업부 조직

```
              사 장
                │
     ┌──────────┼──────────┐
  반도체 사업부   PC 사업부   휴대전화 사업부
```

별 또는 고객별로 구분하여 조직할 것인가?

②사업부의 의사결정이 회사 전체의 전략과 어떻게 그 흐름을 같이 하도록 해야 할 것인가(경영자원의 편중과 사업부간의 협조 결여 등의 문제점을 어떻게 해결할 것인가)?

한편 사업부제의 문제점으로는 ①각 사업부의 경영기능이 중복되기 때문에 경영자원 면에서 낭비가 발생한다 ② 조직 사이에 벽이 생겨 전체 사업부 단위의 신상품, 새로운 서비스가 나오기 어렵다 ③단기적인 이익을 지향하게 되어 중장기적인 시책을 펴기가 힘들다는 점이다.

기능별 조직, 제품별 조직 등 다른 조직 형태의 장점을 동시에 달성하기 위해 복수의 조직 형태를 조합한 것이 이 매트릭스 조직이다.

【여러 가지 목적을 추구하는 조직】

이것은 여러 가지 목표를 동시에 추구하기 위해 고안해 낸 조직 형태로 예를 들어 기능과 제품의 두 지휘계통으로 형성된 매트릭스 조직이라면 기능별 조직의 장점인 전문성 향상과 축적 그리고 제품별 조직의 장점인 환경과 고객에 대한 민첩한 대응을 동시에 달성할 수 있다. 하지만 간접비의 확대, 이원적 명령계통에 따른 혼란과 관리자 사이의 권력분쟁 격화 등의 어려운 문제들이 내재되어 있다.

【매트릭스 조직의 응용】

하지만 이런 문제점을 극복하기 위한 대처법도 속속 나오고 있다. 책임과 권한이 완전히 같은 두 개의 명령계통이 존재하는 순수한 매트릭스 형태의 조직이 아니라 어느 한 쪽의 명령계통에 더 많은 책임과 권한을 부여하는 조직 형태가 그것이다. 예를 들면 기능별 조직을 바탕으로 하면서도 제품을 담당하는 관리자에게 각 기능 사이를 조정하

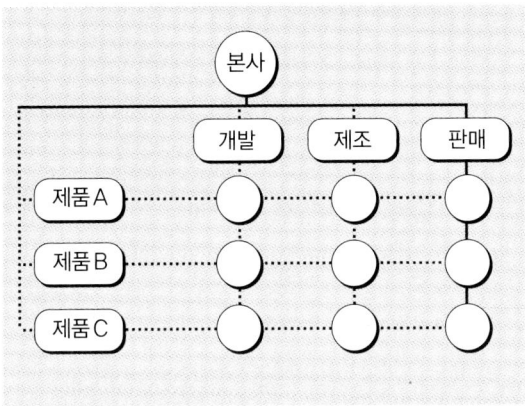

매트릭스 조직

- 본사
- 개발 / 제조 / 판매
- 제품 A
- 제품 B
- 제품 C

게 하는 형태나 제품별 조직을 기초로 하면서 각 기능을 조정하는 사람에게 제품간의 조정을 겸하게 하는 형태 등이 있다.

또한 프로젝트 단위의 T/F팀, 또는 SBU(전략적 사업단위) 등을 통해 매트릭스 구조가 아닌 매트릭스 문화나 행농을 유도하는 방법으로 효과적인 운영을 하는 예도 많다.

3-4 조직 형태와 횡단적 팀(SBU : 전략사업단위)

앞에서 기술한 바와 같이 각 조직 형태에는 장점과 단점이 존재하기 때문에 자사의 업무와 조직에 맞는 이상적인 조직 형태를 찾기는 어렵다. 이 점을 보완하기 위해 조직 형태는 아니지만 여러 가지 조직 형태와 유연하게 융합할 수 있는 SBU(Strategic Business Unit)라는 응용기능이 고안되었다.

SBU는 전략적 사업단위라고 하는데 기존의 사업부문을 전략적인 면에서 새롭게 조직한 형태다. SBU는 기업 내에 있는 여러 사업부 사이에 전략적인 관련성이 없다는 문제점을 해결하기 위해 보스턴 컨설팅 그룹(BCG)이 개발한 전략수립을 위한 조직구분이다. 1970년 전반에 제너럴 일렉트릭사가 처음 도입한 이후 각 기업에 보급되어 많은 대기업이 실시하고 있다. 일반적인 관리조직이 경영관리 기능의 확립을 목적으로 하는 데 반해 SBU는 조직의 리더십 기능 발휘를 그 목적으로 한다.

실제로 각 기업에서 SBU를 설정한 형태는 매우 다양하다. 단일 제품군 또는 상표만으로 설정한 예가 있는가 하면 복수의 사업부로 구성한 예도 있다. 중요한 것은 동일

SBU의 설정에 관한 기준

❶ 명확한 사명(미션)을 가진다

❷ 사업단위별로 독자의 경쟁상태를 설정할 수 있다

❸ 책임 있는 경영관리자가 존재한다

❹ 일정한 경영자원의 통제가 가능하다

❺ 단독으로 전략적인 계획을 수립할 수 있다

한 사업특성이 있는 제품, 또는 사업을 회사의 전략적인 의사결정을 목적으로 한 조직단위로 재설정하여, 실태파악에서 전략수립, 그리고 실적평가까지의 순환체계를 지속적으로 운영해야 한다는 데 있다.

4. 동기부여와 포상

4-1 동기부여 이론

  조직문화와 자사의 사업형태에 알맞은 조직형태만으로
는 조직을 구성하는 개인을 움직일 수 없다. 우선 조직의
목표와 개인의 목표를 일치시켜야 한다. 이를 위해 필요한
동기부여에 관한 이론은 '동기부여의 내용'에 관한 내용
이론과 '동기부여의 과정'을 중시한 과정이론으로 나눌 수
있다. 내용이론으로 매슬로우의 욕구단계설이 유명하다.

【 매슬로우의 욕구단계설 】

  매슬로우는 사람의 욕구를 생리적 욕구, 안전에 대한 욕
구, 귀속에 대한 욕구, 존중의 욕구, 자아실현의 욕구라는
다섯 단계로 분류했다. 이처럼 욕구는 병렬적이 아니라 하
위단계에서 상위단계로 계층적으로 배열되어 있어 하위단
계의 욕구가 충족되어야 그 다음 단계의 욕구가 발생한다
는 이론이다.

  한편 욕구가 생기는 원인과 행동형성 과정을 설명하는
동기부여의 과정이론에는 로올러의 기대이론이 대표적이다.

기대이론(로울러)

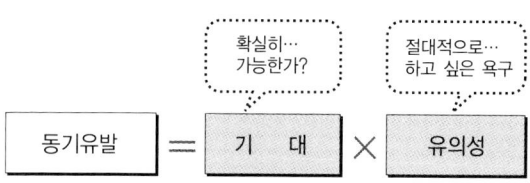

【로울러의 기대이론】

　기대이론은 '동기유발=기대×유의성'이라는 공식으로 나타낼 수 있다. 즉 노력에 따른 특정한 보상이 주어지리라는 기대와 그 보상 자체에 대한 주관적인 가치의 크기에 따라 개인의 노력의 정도가 달라진다는 사고방식이다.

　실제로 대부분의 기업들은 회사 내에서의 역할, 승진, 휴가, 동료, 자아실현 등 사원이 높은 유의성을 느끼는 부분과 역할수행능력을 결합함으로써 동기를 부여하고 있다.

5. 리더십

5-1 리더십이란?

동기부여와 포상에서는 조직과 개인의 방향성을 일치시켜 개인이 모여 만든 집단인 조직의 힘을 최대화시키려면 어떻게 해야 할 것인가에 대해 살펴보았는데 이러한 지침을 만들어 기업을 이끌어 가는 실질적인 사람이 바로 리더다. 리더에게 요구되는 리더십이란 권한의 유무에 관계없이 어떤 목적을 달성하기 위해 구성원들의 행동을 최대한으로 이끌어내는 관리자의 능력을 말한다. 즉 형식적인 권한뿐 아니라 정보, 지식 등 필요한 모든 자원을 수집할 수 있는 비공식적인 조직망과 강한 대인관계 구축력 등이 여기에 해당한다.

하지만 이상적인 리더십의 형태를 한 마디로 정의하기는 어렵다. 상황에 따라 이상적인 리더십의 형태가 달라지기 때문이다. 즉 조직 내에서 리더십에 관해 고려할 때 중요한 사항은 리더가 될 인물이 갖추어야 할 보편적인 기술이나 자질뿐 아니라 조직이나 다른 인력구성을 검토하여 조직 전체 안에서의 '리더십'을 고려해야 하는 것이다.

GE가 요구하는 리더의 조건

- 리더로서 명확한 비전을 제시한다
- 정열적으로 일을 하여 결과를 낸다
- 부하직원을 리더로 육성한다
- 항상 변혁한다
- 신속하게 업무를 처리한다
- 팀워크를 중요하게 생각한다
- 기업윤리를 준수한다
- 높은 품질을 추구한다

【리더의 육성】

　그렇다면 '리더십'은 어떻게 육성해야 할까? 업무현장에서 리더십을 발휘하는 사람의 모습을 가까이에서 관찰하고 그 사람이 일으키는 변화의 체험을 공유하는 방법 외에는 리더십의 본질을 전수받을 길이 없다. 세계적인 우량 기업인 제너럴 일렉트릭사(GE)는 리더육성 프로그램 안에 자사가 요구하는 리더의 조건을 명확하게 정의하고 있는데 그 내용은 일상 업무를 하는 데 있어 바람직하다고 판단되는 관리 형태를 바탕으로 한다.

6. 인사제도

업적평가제도

리더가 아무리 조직과 개인의 목표를 일치시키고, 동기 부여를 강화하기 위해 포상 안을 설정했다고 해도 그 결과를 제대로 평가하지 못한다면 아무 소용이 없다.

일반적으로 업적평가의 목적은 앞에서 기술한 금전적 포상 목적이나 사원의 능력개발 목적 등 매우 다양하지만 그 가운데 어떤 목적을 중시할지는 기업의 특징이나 정책에 따라 달라진다. 즉 이상적인 업적평가제도는 존재하지 않으며 기업에 따라 전혀 다른 목적으로 실행해야 한다는 뜻이다.

또한 업적평가와 능력개발을 위한 평가는 그 목적이 서로 다르므로 평가항목 등 평가과정도 당연히 달라진다. 예컨대 업적평가를 인재선발에 적용한다면 좋은 인재와 그렇지 않은 인재로 나누어 좋은 인재만을 선발하는 기준으로 활용하게 된다. 이 경우 최종적으로 하나의 차원으로 결과를 집약하게 되므로 평가항목을 세밀하게 나누는 것이 반드시 중요한 것은 아니다.

일반적인 업적평가의 목적

인재 선발과 급여, 승진 등에 관한 의사결정	성과향상을 위한 평가자료	조직이나 직장 내부의 커뮤니케이션 촉진	사실의 기록 (법적 대책 등)

성 과 의 척 도

❶ 특정한 직무에 필요한 능력	❺ 자기계발의 지속
❷ 조직 내부에서 통용되는 폭넓은 직무에 관련된 능력	❻ 팀의 업적향상을 위해 직원들을 독려하는 능력
❸ 커뮤니케이션 능력(문장력도 포함)	❼ 리더십과 지휘감독
❹ 노력, 지속력	❽ 관리업무

　　업적평가를 능력개발을 위한 평가정보로 활용하는 경우에는 대상자가 어떤 항목에서 어느 정도의 성과를 내는가를 파악하여 부족한 부분을 보충시키고, 잘 하는 부분을 더욱 강화하게 만드는 인재개발에 이용한다는 의미에서 평가항목이 많을수록 좀더 상세하고 효과적인 평가정보를 얻을 수 있다.

6-3 임금전략

【전략적 인력집단의 파악】

　임금전략을 책정하려면 각각의 전략적 인력집단을 파악하고 각 집단에 적합한 전략을 생각해야 한다. 예컨대 임원보수의 대상이 되는 계층은 기업업적을 크게 좌우하는 인력집단으로 특히 중요하다. 또한 중간 관리직 계층도 기업전략을 수행하는 인력집단으로서 전략적인 임금관리를 효과적으로 시행해야 하며, 그 외의 다른 집단, 예를 들면 직종별(기술자, 과학자, 판매자, 생산, 관리) 등의 분류도 전략적 임금관리를 할 때 고려해야 한다.

【임금결정을 위해 전략적 의사결정이 필요한 부분】

　임금수준의 내부구조는 이른바 기업 내부의 임금격차로서 이것을 다른 형태의 임금과 어떤 식으로 조합할지는 조합형태의 수와 비율, 상대적 중요도 등에 따라 달라진다. 예를 들면 기본급과 보너스의 조합과 비율, 개인수당, 그룹 인센티브, 스톡옵션 등을 어떻게 구성할지 등과 승급에 관한 내용, 즉 단기적인 업적에 따라 승급을 할지 아니면 장기적인 성공 등을 바탕으로 할지, 개인을 중시할지, 팀

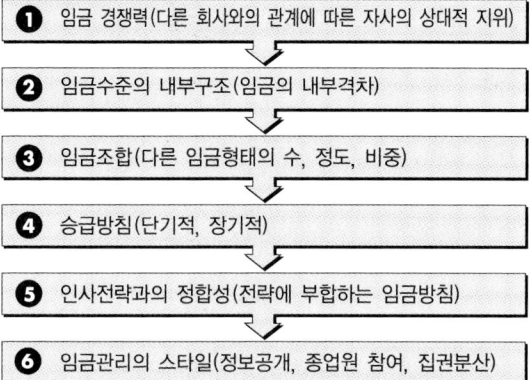

전략적으로 임금을 관리하려면 다음의 부분에 관한 의사결정을 내려야 한다

① 임금 경쟁력(다른 회사와의 관계에 따른 자사의 상대적 지위)

② 임금수준의 내부구조(임금의 내부격차)

③ 임금조합(다른 임금형태의 수, 정도, 비중)

④ 승급방침(단기적, 장기적)

⑤ 인사전략과의 정합성(전략에 부합하는 임금방침)

⑥ 임금관리의 스타일(정보공개, 종업원 참여, 집권분산)

에 대한 평가를 중시해야 할지 등을 결정해야 한다. 또한 전체 인사전략과 임금제도가 서로 모순되지 않도록 해야 하며, 임금관리의 내부체계를 종업원에게 어디까지 공개할지, 임금설계에 종업원을 참여시킬지, 임금관리를 중앙 집권적으로 실시할지 등에 관한 결정도 중요한 의사결정 내용 가운데 하나다.

기업 안팎의 정치 · 경제 정세에 발맞추어 기업의 경영 환경이 숨 가쁘게 변화하는 현대사회에서 기업이 추구해야 할 경영방향을 제시하는 경영전략의 중요성이 그 어느 때보다 높아지고 있다. 경영전략의 특수성은 제5장까지 기술한 다섯 가지 중요한 기능을 모두 이용하여 전략적인 관점에서 종합하여 앞으로 나아가야 할 방향성을 결정하는 데 있다. 따라서 기업의 여러 부문을 맡고 있는 담당자들은 매일 이 '경영전략'을 의식하며 자신의 직무를 수행하도록 해야 한다.

제1절에서는 경영전략의 정의를 설정한 다음, 경영전략을 수립하는 과정을 전체적으로 파악한다.

제2절에서는 수립 과정을 통해 외부환경, 내부환경을 포함한 경영환경을 파악하고 자사의 상태를 고찰한다.

제3절에서는 현재 자사의 위치와 외부환경을 살펴보고 앞으로 주력해야 할 사업영역을 확립하는 데 필요한 부분에 대해 검토한다.

제4절에서는 현상에 대한 확인을 바탕으로 앞으로 더욱 성장하는 기업이 되기 위해 필요한 요소를 다각적으로 검토하여 몇 가지 선택사항을 선정한다.

제5절에서는 자사의 계획 자체에 영향을 줄 수 있는 다

섯 가지 경쟁요인(Five Forces)과 포터의 세 가지 전략을 비롯한 경영전략을 알아본다.

제6절에서는 각각의 전략적인 사고방식과 도구를 현실적으로 실행하고 그것을 관리하는 데 있어 중요한 핵심사항을 정리한다.

1-1 경영전략이란?

【경영전략의 정의】

　전략이란 원래 군사용어로 '대국적 견지에서 적을 이기기 위한 방법'이라는 의미로 사용된다. 이 말을 기업경영에 대입하여 정의하면 '기업이 지속적으로 발전하기 위한 경영활동의 기본적인 방향성'이라 할 수 있다. 구체적으로 ①자사를 둘러싼 경영환경의 분석과 대응 ②성장하기 위한 사업분야 선택 ③선택한 사업분야에서 경쟁상 우위 확보 ④경영자원의 효율적인 배분 등을 그 내용으로 들수 있다.

【전략(Strategy)과 전술(Tactics)】

　전략과 전술을 혼동하여 논의하는 사례가 많은데 과연 이 둘의 차이는 무엇일까? 기업은 주주의 소유물로 주주의 가치를 극대화하기 위해 끊임없이 지속적인 성장을 도모해야 하는 사명이 있다. 이 사명을 완수하기 위해 회사가 취하는 큰 방향성을 전략이라고 볼 때 각 전략에 대한

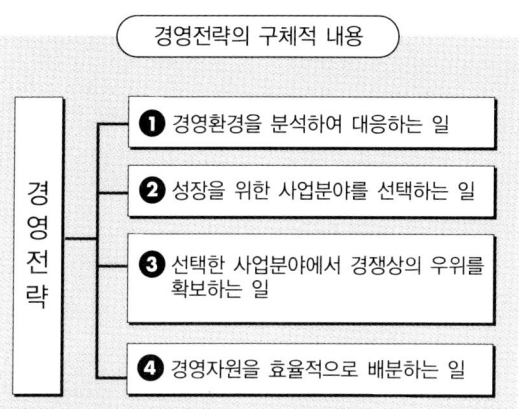

경영전략이란 무엇인가?

경영전략의 구체적 내용

경영전략

❶ 경영환경을 분석하여 대응하는 일

❷ 성장을 위한 사업분야를 선택하는 일

❸ 선택한 사업분야에서 경쟁상의 우위를 확보하는 일

❹ 경영자원을 효율적으로 배분하는 일

구체적인 대응책이 바로 전술이다. 즉 조직문화와 기업이념의 관계와 마찬가지로 먼저 기본을 형성하는 전략이 있어야 비로소 다양한 개별 대책과 기법을 전개할 수 있다. 이런 의미에서 경영전략은 '마케팅', '회계', '재무', '사람과 조직' 등에 관한 지식, 경험, 사고기술을 횡단적으로 활용하여 실행하는 대단히 종합적이고 중요한 기능이라 할 수 있다.

1-2 경영이념과 경영전략의 수립과정

【경영전략 수립의 전제가 되는 경영이념】

  경영이념은 경영목적을 달성하기 위한 기업의 모든 활동에 대한 구체적이고 현실적인 지침이다. 즉 기업이 어떻게 행동하고 활동해야 하는지를 제시하는 기준이 바로 경영이념이라 할 수 있다. 경영이념은 경영전략을 수립할 때 전제가 되는 사고방식으로 경영전략보다 우위에 있는 개념이다.

【경영전략의 수립과정】

  경영전략의 수립과정은 다음과 같다.

①경영환경의 파악 : 기업이 직면한 외부환경에 존재하는 기회와 위협에 대한 분석과 자사의 내부환경에 대한 분석을 SWOT분석을 사용하여 명확히 한다.

②사업분야의 확립 : 경영이념과 경영환경을 분석한 결과를 바탕으로 사업활동의 범위를 결정한다.

③사업의 선택(성장전략) : 시장의 변화에 대응하여 앞으로 어떤 시장에서 성장해가야 할지를 제품-시장 매트릭스를 사용하여 선택한다.

④사업전략의 확립(경쟁전략) : 사업이 결정된 다음에는 그

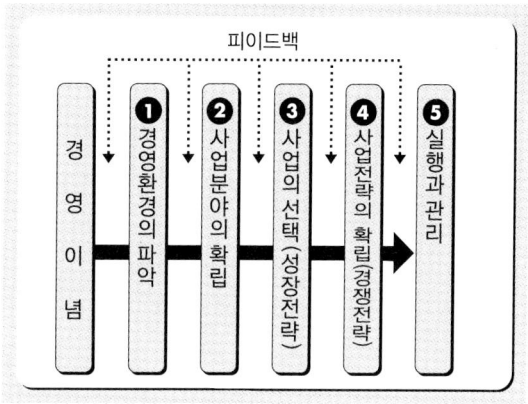

경영이념과 경영전략의 수립과정

피이드백

경영이념 → ❶ 경영환경의 파악 → ❷ 사업분야의 확립 → ❸ 사업의 선택(성장전략) → ❹ 사업전략의 확립(경쟁전략) → ❺ 실행과 관리

사업이 속하는 시장 안에서 경쟁기업과 비교해 어떤 차별적인 우위성을 확보할 수 있는지를 검토한다.

⑤실행과 관리 : 전략실행에서는 조직과 사내 시스템 등 고려해야 할 여러 사항을 7S모델을 사용하여 설명한다. 또한 경영성과를 평가하여 전략을 재검토한다.

이와 같이 전략 수립과정은 먼저 검토에 필요한 자료를 수집한 다음 방침을 세우고, 세부적인 방침과 실행방법을 모색하는 흐름으로 진행된다.

2-1 경영환경의 파악

【외부환경】

경영환경은 외부환경과 내부환경으로 나눌 수 있다. 이 두 환경에 대한 분석을 실시함으로써 현재 자사를 둘러싼 사업 환경을 종합적으로 분석할 수 있다.

외부환경이란 기업 외부에서 기업에 영향을 주는 환경 요소를 말한다. 외부환경은 다음과 같이 거시적 환경과 미시적 환경으로 다시 나눌 수 있다.

(1) 거시적 환경 : 사회구조의 변화로서 기업에 간접적으로 영향을 주는 환경요소

① 자연 환경(더위와 추위 등) ② 법률·정치 환경(정권교체, 규제완화 등) ③ 기술 환경(신기술 개발 등) ④ 사회 환경(낮은 출산율과 고령화의 진전 등) 등

(2) 미시적 환경 : 기업에 직접적으로 영향을 주는 환경요소

① 시장 환경(소비자 생활양식의 변화 등) ② 경쟁 환경(같은 업종에 있는 다른 회사의 진출 상황 등) ③ 유통 환경(매입처의 상황 등) 등

【내부환경】

경영환경의 파악

외부환경	거시적환경	...	자연환경, 법률과 정치환경, 기술환경 등
	시 장 환 경	...	시장규모, 구매동향 등
	경 쟁 환 경	...	경쟁의 참여상태, 경합 마케팅 등
	유 통 환 경	...	매입업자의 동향, 유통구조 등
내부환경	경영자의 자질	...	리더십, 균형감각 등
	경 영 체 질	...	조직구조, 팀워크 등
	재 무 체 질	...	자금력, 신용도 등
	영 업 력	...	영업사원의 수, 영업사원의 질 등
	기 술 력	...	연구개발력 등

내부환경이란 기업 내부에 존재하는 경영자원의 양적, 질적 상황을 말하는데 다음과 같은 요소가 있다.

① 경영자의 자질(리더십 등) ② 경영체질(조직구조 등) ③ 재무체질(자금력, 신용도 등) ④ 영업력(영업사원의 수 등) ⑤ 기술력(연구개발능력 등) ⑥ 판매망(전국 점포망 등) ⑦ 제품력(제품의 품질과 디자인 등) ⑧ 정보능력(판매정보수집, 분석능력 등) 등

SWOT분석

경영전략 수립의 제1단계인 경영환경 분석에 사용하는 기법 가운데 하나로 SWOT분석이 있다. 이 기법은 먼저 세로축에 기업경영의 외부환경과 내부환경(경영자원)을 놓고, 가로축를 긍정적인 영향과 부정적인 영향으로 나누어서 표를 작성해 자사가 처한 환경을 객관적으로 분석하는 방법이다.

①강점(Strength) : 내부환경 (자사 경영자원)의 강점

②약점(Weakness) : 내부환경 (자사 경영자원)의 약점

③기회(Opportunity) : 외부환경 (경쟁, 고객, 거시적 환경 등)에서 비롯된 기회

④위협(Threat) : 외부환경 (경쟁, 고객, 거시적 환경 등)에서 비롯된 위협

이 네 가지 요소를 정리해서 표로 작성해 공격과 수비 전략을 구체화시킨다.

①자사의 강점을 살릴 수 있는 사업기회는 무엇일까?

②자사의 강점으로 위협을 회피할 수는 없는가?

③자사의 약점 때문에 사업기회를 놓치지 않으려면 어떻게 해야 할까?

SWOT분석

	긍정적인 영향	부정적인 영향
외부환경	기회 (O)	위협 (T)
내부환경	강점 (S)	약점 (W)

	기회(Opportunity)	위협(Threat)
강 점 (Strength)	(1)자사의 강점을 살릴 수 있는 사업기회는 무엇인가?	(2)자사의 강점으로 위협을 회피할 수는 없을까? 타사에는 위협이 되는 요소를 자사의 강점을 활용하여 사업기회로 바꿀 수는 없을까?
약 점 (Weakness)	(3)자사의 약점으로 사업기회를 놓치지 않으려면 어떻게 해야 할까?	(4)위협과 약점이 겹치는 최악의 사태를 초래하지 않으려면 어떻게 해야 할까?

④위협과 약점이 겹치는 최악의 사태를 초래하지 않으려면 어떻게 해야 할까?

이런 식으로 공격과 수비의 관점에서 경영환경을 종합적으로 분석하는 한편, 외부와 내부의 환경을 통합하여 전략 대체 안을 모색한다.

3-1 사업영역의 확립

SWOT분석을 통해 외부환경에 존재하는 기회와 위협, 그리고 내부환경에 존재하는 강점과 약점을 파악했다면 이제 사업 영역을 확립할 차례다. 영역(Domain)이란 생물학에서는 생존영역을 의미하는 말이지만 기업경영에서는 사업영역이라는 뜻으로 사용한다. 즉 사업영역의 확립이란 기업이 사업활동을 하는 범위를 결정하는 작업이다. 사업영역을 정의하는 기준은 다음 세 가지다.

①목표고객(고객을 누구로 정할 것인가?)

②고객의 요구(고객의 어떤 요구에 부응하여 제품이나 서비스를 제공할 것인가?)

③독자적인 기술(어떤 기술을 사용할 것인가?)

사업영역을 결정할 때는 장래 확장될 가능성이 있는 사업영역에 대한 정의를 내려야 한다. 이때 주의해야 할 점은 자사의 개별 제품과 서비스가 아닌 시장에 기초하여 사업영역을 결정해야 한다는 데 있다. 제품이나 서비스는 시대에 따라 변하지만 시장의 기본적인 수요나 고객층은 꾸

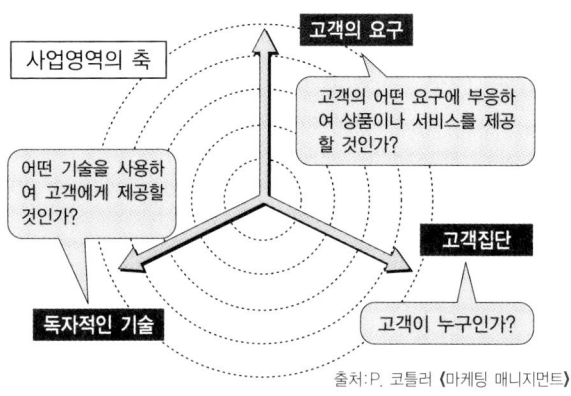

사업영역의 확립

사업영역의 축

고객의 요구

고객의 어떤 요구에 부응하여 상품이나 서비스를 제공할 것인가?

어떤 기술을 사용하여 고객에게 제공할 것인가?

고객집단

독자적인 기술

고객이 누구인가?

출처:P. 코틀러 《마케팅 매니지먼트》

준히 지속된다. 예를 들면 마차 제조회사는 자동차의 등장으로 시장에서 사라졌지만 만약 마차 제조회사가 자신의 기업을 운송사업이라 정의했다면 마차업체에서 자동차업체로 전환할 수 있었을 것이다. 이처럼 사업영역을 명확하게 정의하는 일은 기존사업의 재구축과 신규사업으로의 진출 등 기업의 중요한 전략에 영향을 주는 대단히 중요한 작업이다. 또한 신규사업을 전개하는 경우에는 기존사업이 보유한 기능과 기술을 활용한 상승효과(Synergy Effect)를 고려해야 한다. 본 업종을 중심으로 하여 사업영역을 확장해야 자사의 강점을 충분히 살릴 수 있다.

4-1 제품-시장 매트릭스

기업이 지속적으로 성장하려면 끊임없이 변화하는 시장에 적응할 수 있는 사업구조를 만들어야 한다. 앤소프(H. I. Ansoff)는 사업구조변혁을 위한 사업선택을 하기 위해 사업구조를 '제품과 시장'이라는 두 가지 요소를 주축으로 한 '제품-시장 매트릭스'를 제안했다. 가로축에 기존제품과 신규제품, 세로축에 기존시장과 신규시장을 놓고 '제품-시장 매트릭스'를 작성하면 다음 네 가지 유형이 완성된다.

① 시장침투 전략(기존제품-기존시장): 기존 시장에서 기존 제품으로 승부하는 시장침투 전략이다. 구체적으로는 판매촉진이나 고객 서비스의 향상, 상품라인의 강화 등을 들 수 있다.

② 신제품 개발(신규제품-기존시장): 기존 시장의 강점을 활용하여 신제품을 개발하고 도입하는 전략이다. 기존의 판매망과 고객을 이용하기 때문에 판매비용을 줄일 수 있다.

③ 신시장개척 전략(기존제품-신규시장): 기존제품으로

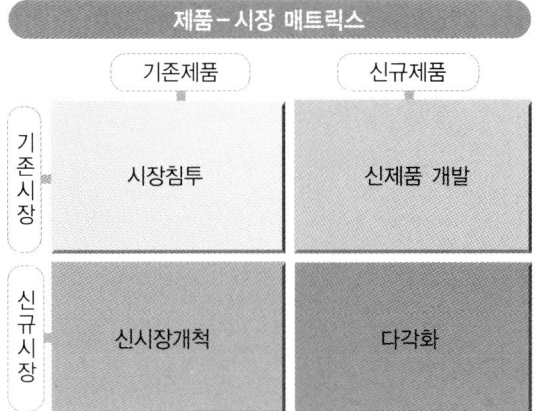

제품-시장 매트릭스

	기존제품	신규제품
기존시장	시장침투	신제품 개발
신규시장	신시장개척	다각화

새로운 시장을 개척하여 넓혀가는 전략이다. 신규출점이나 해외진출 등이 여기에 해당한다. 기존제품의 양산효과를 노릴 수 있지만 많은 양의 투자자금이 들어간다.

④다각화 전략(신규제품-신규시장):제품과 시장 양쪽으로 새로운 영역을 개척하는 전략이다. 기존사업과는 전혀 관련성이 없는(혹은 낮은) 사업에 진출하여 성장을 도모하는 전략은 여러 종류의 사업을 보유함으로써 리스크를 분산시킬 수 있다는 이점이 있다. 최근에는 다각화 기법 가운데 하나인 M&A가 증가하는 추세다.

4-2 다각화 전략

앞에서 기술한 '제품-시장 매트릭스' 가운데 다각화 전략에 대해 좀더 자세하게 살펴보자.

【시너지(Synergy)】

시너지란 상승효과를 가리키는 말로 1+1=2가 아니라 2보다 커진다는 의미다. 다각화 전략이란 기존사업의 핵심기술과 제품을 중심으로 하여 이와 관련된 분야의 사업을 전개하는 전략을 말한다. 이 전략은 사업규모의 확대에 따른 생산효율의 향상과 연구개발, 생산기술 등을 효율적으로 활용함으로써 상승효과를 발휘하여 높은 수익률을 도모한다. 시너지의 종류로 다음 네 가지를 들 수 있다.

①판매 시너지：유통망, 판매촉진, 상표 등을 공통으로 이용함으로써 얻을 수 있는 상승효과.

②생산 시너지：생산에서 인원과 자재 등의 공통이용, 생산시설의 공통이용, 원재료의 일괄 대량구입 등으로 생산비용의 절감을 도모하는 경우 등에 발생하는 상승효과.

③투자 시너지：설비의 공통이용에 따른 설비투자액의 절감, 유사분야에 대한 연구개발로 연구개발 투자의 절감 등 투자를 절약할 때 발생하는 상승효과.

다각화 전략		
장점	상승효과를 발휘할 수 있다	
	적정한 사업균형으로 수익이 안정된다	
	리스크를 분산할 수 있다	
	모든 자원을 충분히 활용할 수 있다	
유형	수평적 다각화	현재와 같은 형태의 시장에 기존 기술을 바탕으로 새로운 제품을 투입하여 실행하는 다각화
	수직적 다각화	전방통합·후방통합(제품이나 판매)을 통해 신규로 진출하는 다각화
	집중적 다각화	기존제품과 기술이나 판매 면에서 관련을 지어 다양한 제품을 여러 시장으로 투입하는 다각화
	집성적 다각화	기존의 시장이나 제품과는 전혀 관계가 없는 분야로 진출하는 다각화

④관리 시너지 : 관리활동에서 기존의 지식이나 비법을 신규제품-시장분야에서 활용할 때 생기는 상승효과.

요즘처럼 기업간의 경쟁이 날로 격해지는 상황 속에서 각 기업은 기존사업과 직접 관련이 없는 사업으로 확장해 가는 다각화(분산적 투자)에서 핵심사업에 집중하는 전략으로 바꾸고 있다.

4-3 제품 포트폴리오 매니지먼트(PPM)

자사의 경영자원은 한정되어 있으므로 각기 다른 종류의 사업을 적절하게 조합하여(사업믹스) 경영자원을 효율적으로 분배해야 한다. 이렇게 여러 가지 사업을 이상적으로 조합하기 위한 사고방식이 '제품 포트폴리오 매니지먼트 (PPM:Product Portfolio Management)'이다. PPM의 가로축에는 '상대적 시장점유율'을, 세로축에는 '시장의 성장률'을 놓고 그림과 같이 4사분면으로 분할한다. PPM에서는 '상대적 시장점유율'을 자금의 유입, '시장의 성장률'을 자금의 유출로 보고 복수사업에 들어가는 자원(특히 현금이라는 경영자원)의 효율적인 배분을 분석하는데 각 분면에는 다음과 같은 특징이 있다.

①돈을 맺는 나무:상대적 시장점유율이 높기 때문에 자금유입이 큰 반면 시장 성장률이 낮아서 자금유출이 적다. 따라서 이 사업을 통해 많은 자금을 확보할 수 있다.

②인기사업:상대적 시장점유율의 높기 때문에 자금 유입은 크지만 시장성장률이 높아서 자금 유출도 상당히 많다. 따라서 이 사업으로 자금을 확보하기는 어렵다.

③문제아:상대적 시장점유율이 낮기 때문에 자금유입

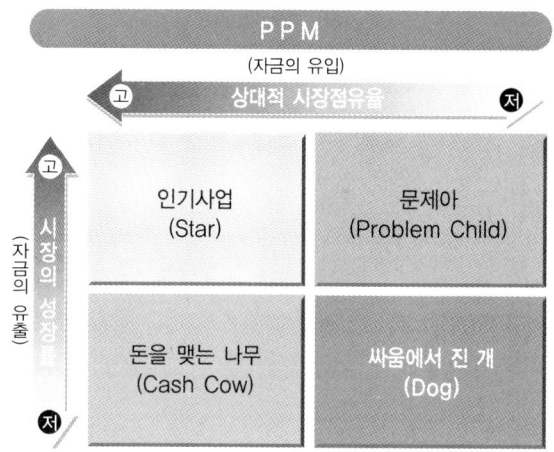

PPM

(자금의 유입)

상대적 시장점유율 고 ─ 저

	고 ← 시장의 성장률 (자금의 유출) → 저
인기사업 (Star)	**문제아 (Problem Child)**
돈을 맺는 나무 (Cash Cow)	**싸움에서 진 개 (Dog)**

이 적으며, 시장성장률이 높기 때문에 자금유출이 크다. 따라서 이 사업에서는 막대한 자금수요가 발생한다.

④싸움에서 진 개 : 상대적 시장점유율이 낮기 때문에 자금유입이 적으며, 시장성장률이 낮아서 자금유출도 적다.

PPM에 의한 사업믹스는 ①'돈을 맺는 나무'에서 들어온 현금을 ②'문제아'에 투자하고 이 '문제아'가 ③'인기사업'으로 육성될 수 있도록 적극적으로 투자하여 시장점유율을 높임으로써 장래에 ①'돈을 맺는 나무'로 성장시키는 형태가 가장 이상적이다.

5-1 업계분석(Five forces analysis)

'다섯 가지 경쟁요인의 분석'은 업계의 매력도를 측정하기 위해 산업조직론을 응용한 기법이다. 이 기법에서는 '다섯 가지의 경쟁요인'이 종합적으로 어떻게 작용하는가에 따라 산업의 매력도(수익성)와 그 업계에서의 경쟁상태를 파악할 수 있다.

(1) 업계 내의 기존 경쟁 : 업계 내의 경쟁이 심해지는 요인으로 ① 경쟁자가 많은 경우 ② 제품의 차별화가 어려운 경우 ③ 사업을 철수할 때 장벽이 높은 경우 등을 들 수 있다.

(2) 신규참여의 위협 : 신규참여가 용이한 요인으로는 ① 투하자본이 적은 경우 ② 법적 규제가 적은 경우 ③ 기술적인 장벽이 낮은 경우 등을 꼽을 수 있다.

(3) 대체품의 위협 : 대체품이 위협이 될 때는 ① 대체품의 비용 대비 성능 (Cost Performance)이 높은 경우 ② 종래와 다른 공급체계가 구축된 경우 등이다.

(4) 공급업자의 교섭력 : 공급업자의 교섭력이 위협이 될 때는 ① 대체품이 없는 경우 ② 공급업자가 적은 경우 ③

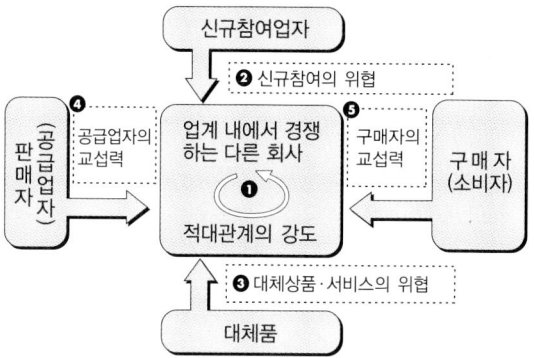

출처: 마이클 포터 《경쟁의 전략》

구매하는 제품이 자사의 핵심제품인 경우 등이다.

(5)구매자의 교섭력 : 구매자의 교섭력이 위협이 될 때는 ①대체품이 많은 경우 ②구매자가 적은 경우 ③구매자의 구입량이 많은 경우 ④구매자의 정보량이 많은 경우 등을 생각할 수 있다.

이상과 같이 다섯 가지 경쟁요인의 분석은 업계 전체의 평균적인 매력도의 큰 틀을 구조적으로 파악하는 데 효과적이다. 하지만 이 분석에는 정량적인 기준이 없으므로 현실적으로는 각 기업의 내부환경을 충분히 고려한 연구 조사를 거친 후에 업계의 전체상을 인식하도록 해야 한다.

5-2 포터의 세 가지 기본전략

하버드 비즈니스스쿨의 마이클 포터(Michael E. Porter)는 다른 회사와의 경쟁에서 우위를 차지하기 위해서는 세 가지 기본전략이 있다고 주장한다.

①코스트 리더십 전략:경쟁상대인 다른 회사보다 낮은 비용을 실현함으로써 경쟁에서 우위를 확보하는 전략을 말한다. 비용을 낮추는 수단으로는 규모의 경제 추구와 경험곡선을 이용하는 방법이 있다. 규모의 경제 추구란 생산과 판매규모를 확대함으로써 단위당 비용을 줄여 이익률을 높이는 것이고, 경험곡선이란 어느 제품에 대한 누적생산량이 많을수록 그 제품의 단위당 비용이 줄어든다는 개념이다.

②차별화 전략:제품과 서비스를 철저하게 차별화하여 제공함으로써 고객에게 그 차이를 확실하게 인식시켜 경쟁에서 우위를 확보하는 전략이다. 제품차별화는 제품의 높은 가격을 그대로 유지하는 것을 그 목적으로 한다. 동시에 차별화 전략에서는 무엇을 하지 말아야 할지 또한 중요한 전략이 된다. 즉 경쟁관계에 있는 다른 대부분의 회사가 실행하는 무언가를 일부러 하지 않는 방법도 자사를

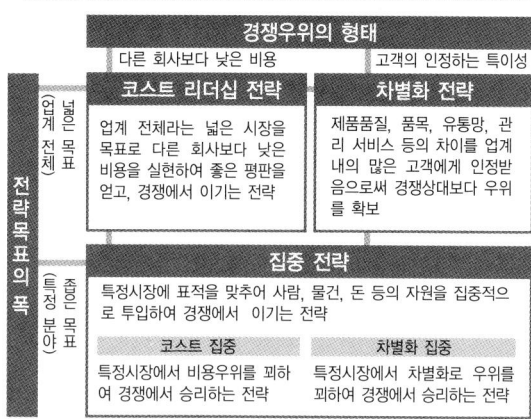

포터의 세 가지 기본전략

		경쟁우위의 형태	
		다른 회사보다 낮은 비용	고객이 인정하는 특이성
전략목표의 폭	(업계 전체) 넓은 목표	**코스트 리더십 전략** 업계 전체라는 넓은 시장을 목표로 다른 회사보다 낮은 비용을 실현하여 좋은 평판을 얻고, 경쟁에서 이기는 전략	**차별화 전략** 제품품질, 품목, 유통망, 관리 서비스 등의 차이를 업계 내의 많은 고객에게 인정받음으로써 경쟁상대보다 우위를 확보
	(특정 분야) 좁은 목표	**집중 전략** 특정시장에 표적을 맞추어 사람, 물건, 돈 등의 자원을 집중적으로 투입하여 경쟁에서 이기는 전략	
		코스트 집중 특정시장에서 비용우위를 꾀하여 경쟁에서 승리하는 전략	**차별화 집중** 특정시장에서 차별화로 우위를 꾀하여 경쟁에서 승리하는 전략

출처:마이클 포터 《경쟁의 전략》

차별화시키는 전략 가운데 하나다.

　③집중 전략 : 선택한 특정범위에 특화하여 사람, 물건, 돈, 정보라는 경영자원을 투입해서 경쟁우위성을 확보하는 전략을 말한다. 집중전략에는 특정제품과 서비스에 대해 철저한 비용삭감을 실천하는 '코스트 집중'과 특정 제품과 서비스에 대한 철저한 차별화를 꾀하는 '차별화 집중'이 있다.

5-3 BCG 어드밴티지 매트릭스 (Advantage Matrix)

　업계의 경쟁환경을 분석하는 기법 가운데 하나로 보스턴 컨설팅 그룹의 어드밴티지 매트릭스가 있다. 이 분석에서는 업계의 경쟁요인이 많고 적음을 나타내는 축과 경쟁 우위성 구축의 가능성이 크고 작음을 나타내는 축을 기준으로 사업형태를 다음 네 가지로 분류한다. 각 사업의 형태에 따라 성공 가능성도 달라지기 때문에 사업에 따라 어떤 우위성을 구축할 수 있는지를 생각해야 한다.

　①규모형 사업：규모의 이익을 추구함으로써 우위성을 구축할 수 있는 사업을 말한다. 비록 차별화를 꾀하더라도 비용만 높아질 뿐 수익성은 향상되지 않는 업계이다. 자사의 사업이 여기에 속한다면 어느 정도의 규모를 추구할 수 있는지가 수익성 향상의 조건으로 작용한다.

　②특화형 사업：경쟁요인(경쟁상의 전략변수)이 많이 존재하지만 차별화와 집중화로 특정분야에서 독자적인 지위를 구축함으로써 경쟁 우위성을 차지하여 수익성을 확보할 수 있는 사업이다.

　③사양형 사업：우위성을 구축하기 어려운 사업이다. 과

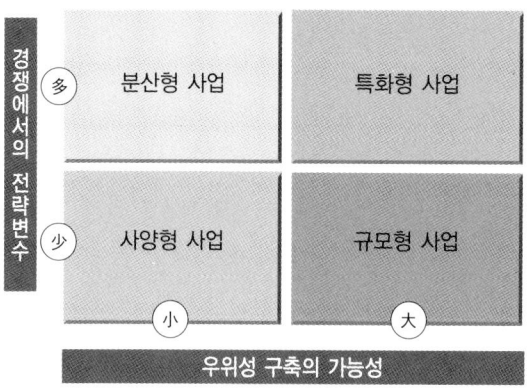

거에는 규모에 따른 격차가 존재했지만 비용 저하가 진행
되어 기업간의 격차가 없어진 분야다. 자사의 사업이 여기
에 속한다면 철수하거나 아니면 다른 사업의 비율을 높이
는 편이 현명하다. 또 M&A 등을 통해 부가가치를 높이는
방법도 고려할 수 있다.

　④분산형 사업 : 경쟁요인이 다수 존재하지만 압도적인
우위성이 어려운 사업이다. 사업의 규모가 작은 단계에서
는 높은 수익성을 유지할 수 있지만 사업규모를 확대하면
수익성을 유지할 수 없게 된다.

5-4 가치사슬(Value Chain)

【가치사슬이란?】

　제품이 최종 소비자에게 도달할 때까지 부가가치를 창출하는 과정을 말한다. 이 프레임 워크를 사용함으로써 구매에서 서비스까지 일련의 경영활동을 다른 회사와 비교해 우열이 나타나는 부분과 왜 이런 우열이 나타나는지 그 원인을 해명할 수 있다.

【가치사슬의 9가지 가치창조활동】

　가치사슬 모델은 경쟁우위를 창출하는 원천이 어떤 구조를 이루고 있는가를 알 수 있도록 기업의 전략적 단위활동을 9가지 가치창조활동으로 분류하여 표시한 모형이다. 이 9가지 가치창조활동은 그림과 같이 5가지 주요활동(① 구매물류 ②제조 ③출하물류 ④판매와 마케팅 ⑤서비스)과 4가지 지원활동(①조달활동 ②기술개발 ③인사와 노무관리 ④ 전반관리)으로 나눠진다.

　기업은 각각의 가치창조활동에 대한 비용과 그 성과를 상세하게 조사하여 경쟁기업과 비교함으로써 개선점을 모색해야 한다. 그리고 항상 이노베이션(Innovation : 기술혁신)

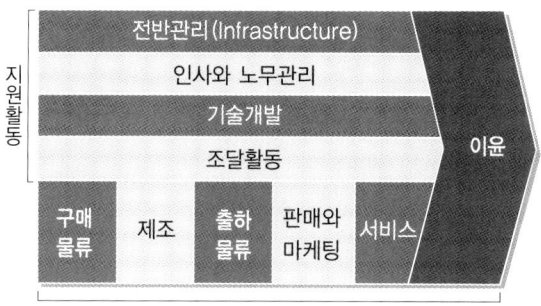

가치사슬(Value Chain)

전반관리(Infrastructure)

인사와 노무관리

기술개발

조달활동

지원활동

이윤

구매물류

제조

출하물류

판매와 마케팅

서비스

주요활동

출처: 마이클 포터 《경쟁우위의 전략》

에 힘을 쏟아 다른 회사보다 조금이라도 높은 경쟁 우위성을 확보할 수 있도록 차별성을 창출해야 한다.

또한 이 개념은 신규사업을 개발하거나, 협력기업과 제휴를 구축할 때도 중요한 전략적 도구로 활용할 수 있다. 나아가 가치사슬에 정보기술을 활용하여, 가치사슬 전체에 이노베이션을 가져오는 공급사슬 관리(SCM：supply chain management)도 중요한 개념 가운데 하나다.

6. 전략실행과 관리

6-1 전략의 실행

경영전략을 실행할 때 유용한 도구로 맥킨지사의 '7가지 S'가 있다. 전략을 수립하더라도 조직이나 사내체계와 일치하지 않거나, 사원의 합의나 기술 등이 갖춰지지 않는다면 이 전략을 확실하게 실행할 수 없다. 7가지 S는 다음과 같이 3가지 하드 S와 4가지 소프트 S로 구성되어 있다.

【3가지 하드 S】

①조직(Structure) : 조직의 형태와 권한의 분산을 어떤 식으로 할 것인가?

②전략(Strategy) : 사업의 경쟁우위성을 유지하고 확보하기 위한 강점은 무엇인가?

③사내 체계(System) : 정보전달 과정과 보고양식에서 무엇을 중시해야 하는가?

【4가지 소프트 S】

④인재(Staff) : 우수한 인재를 채용하고 교육하여 적재적소에 배치하고 있는가?

⑤기술(Skill) : 전략수행에 필요한 전문기술을 보유하고

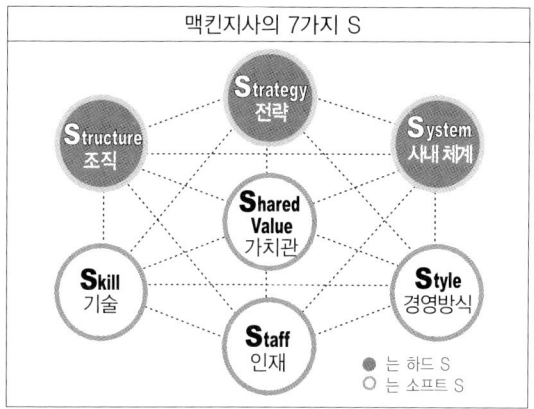

전략실행과 관리

맥킨지사의 7가지 S

- **S**trategy 전략
- **S**tructure 조직
- **S**ystem 사내 체계
- **S**hared Value 가치관
- **S**kill 기술
- **S**taff 인재
- **S**tyle 경영방식

● 는 하드 S
○ 는 소프트 S

있는가?

⑥경영방식(Style) : 사원들 사이에 공통된 행동과 발상방식이 존재하는가?

⑦가치관(Shared Value) : 사원들이 동일한 가치관과 사명을 공유하고 있는가?

하드(형식)의 S에 비해 소프트(내용)의 S는 변경하기 쉽지 않으므로 이 점을 고려하여 실행계획을 세워야 한다.

6-2 전략의 관리

【관리의 중요성】

경영은 계획(Plan) → 실행(Do) → 점검(Check) → 시정(Action)의 순서로 행해진다. 이는 각 단계의 머리글자를 따서 PDCA사이클이라고 한다. 사이클이란 순환주기를 의미하므로 시정 다음에는 처음 과정인 계획이 이어진다. 전략수립과 예산편성 등의 계획에 기초하여 실행하고 성과를 측정, 평가하여 시정조치를 취한다. 점검, 시정의 부분을 관리라고 하는데 이 부분은 다음 계획을 세울 때 현재 상태를 평가하는 정보가 된다는 점에서 대단히 중요한 의미가 있다.

【관리】

구체적으로 관리는 정량적 관리와 정성적 관리로 나눌 수 있다. 정량적 관리의 대표적인 것으로 예산통제와 경영지표분석을 들 수 있다. 예산편성이란 계획단계에서 편성된 예산과 실적을 비교하여 이런 차이가 발생하는 원인을 분석한다. 경영지표분석은 재무제표에서 각종 지표를 계산하여 시계열 비교나 동업종의 다른 회사와의 비교를 실시하거나, 손익분기점 분석을 통해 원인을 찾아내는 작업

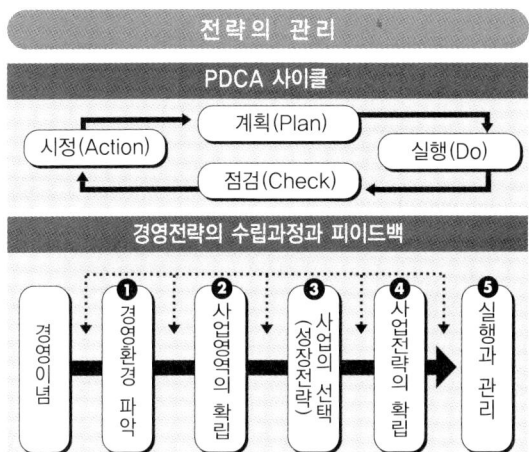

전략의 관리

PDCA 사이클

시정(Action) → 계획(Plan) → 실행(Do) → 점검(Check)

경영전략의 수립과정과 피이드백

경영이념 → ① 경영환경 파악 → ② 사업영역의 확립 → ③ 사업의 선택 (성장전략) → ④ 사업전략의 확립 → ⑤ 실행과 관리

이다.

한편 정성적 관리의 대표적인 예로 전략관리가 있는데 이것은 기업이 시장에 접근하는 방식에 대해 정기적으로 재점검, 재평가하여 시장, 제품, 유통에서 기업이 최선의 기회를 추구하고 있는지 평가척도를 이용해 분석하는 방법이다.

이와 같이 다양한 관리를 다음 계획에 반영하여 새로운 전략을 수립하는 데 활용한다.

■참고문헌

- 버나드 웨이너(Bernard Weiner) 저, 하야시 마모루, 미야모토 미사코 역 《휴먼 모티베이션》 가네코출판, 1989년

  데이비드 아커(David A. Aaker) 저 《전략시장경영》 다이아몬드사, 1986년

- 데이비드 아커 저 《브랜드 에쿼티(Brand Equity)전략》 다이아몬드사, 1994년

- 달라스 머피(Dallas Murphy) 저 《MBA의 마케팅》 일본경제신문사, 1997년

- 하멜(Gary Hamel), 프라할라드(C. K. Prahalad) 공저 《코어 컴피턴스 경영》 일본경제신문사, 1995년

- 베넷 스튜어드 3세(Bennet Stewart Ⅲ) 저, 닛코리서치센터 역 《EVA창조의 경영》 동양경제신문사, 1998년

- Henry Mintzberg 《The Structuring of Organizations》 Prentice-Hall, 1979

- 제임스 아베글렌(James C. Abegglen), 보스턴 컨설팅 그룹 공저 《포트폴리오 전략》 프레지던트사, 1977년

- 제임스 리빙스톤(James Livingston) 저 《MBA강좌 재무·회계》 일본경제신문사, 1998년

- 갈브레이스 (J.K. Galbraith), 나단슨 (D.A. Nathanson) 공저 《경영전략과 조직 디자인》 하쿠토출판, 1989년

- Kotler, Armstrong 《Principles of Marketing, Sixth edition》 Prentice-Hall, 1994

- 팔레푸(Krishona G. Palepu), 버나드(Victor L. Bernard), 힐리(Paul M. Healy) 공저 《기업분석입문》 동경대학출판회, 1999년

- 트레이시(L. Tracy) 저 《조직행동론》 동문관출판, 1991년

- 마이클 포터(Michael E. Porter) 저 《경쟁우위의 전략》 다이아몬드사, 1985년

- 마이클 포터 저 《경쟁의 전략》 다이아몬드사, 1995년

- 마이클 포터 저 《경쟁전략론 Ⅰ, Ⅱ》 다이아몬드사, 1999년

- Michael E Porter 《Competitive Strategy》 Free Press, 1980

- 폴 아르젠티(Paul A. Argenti) 저 《MBA 스피드 학습 코스》 일본경제신문사, 1997년

- R. 리커트(R. Likert), G.리커트(G.Likert) 저 《대립의 행동과학》 다이아몬드사, 1988년

- Richard Brealey 《Principles of Corporate Finance, sixth edition》 McGraw-Hill, 2000

- 레빗(T. Levitt) 저 《마케팅의 혁신》 다이아몬드사, 1983년

- 레빗 저 《마케팅 이메지네이션》 다이아몬드사, 1984년

- 아트 맥닐(Art McNeil), 짐 크레이머(Zim Kramer) 공저 《리더십이 기업을 바꾼다》 창원사, 1994년

- 에단 라지엘(Ethan M. Rasiel) 저 《맥킨지식 세계최강의 업무술》 에이지출판, 2001년

- 앤조프(H. I. Ansoff) 저 《'전략경영'의 실천원리》 다이아몬드사, 1994년

- 글로비스 그룹(Globis Corp) 저 《MBA 회계》 다이아몬드사, 1996년

- 글로비스 그룹 저 《MBA 창조적 사고》 다이아몬드사, 2001년

- 글로비스 그룹 저 《MBA 금융》 다이아몬드사, 1999년

- 글로비스 그룹 저 《MBA 마케팅》 다이아몬드사, 1997년

- 글로비스 그룹 저 《[신판] MBA 매니지먼트 북》 다이아몬드사, 2002년

- 글로비스 그룹 저 《MBA 경영전략》 다이아몬드사, 1999년

- 시아랜 월시(Ciaran Walsh) 저 《관리자를 위한 경영지표 지침서 재무제표, ROE, 현금흐름표까지》 피어슨 에듀케이션, 2001년

- 제임스 콜린스(James C. Collins), 제리 포라스(Jerry I. Porras) 공저 《Visionary Company》 닛케이BP출판센터, 1995년

- 존 코터(John P. Kotter) 저 《리더십론 – 현재 무엇을 해야 할까?》 다이아몬드사 1999년

- 스티븐 로빈스(Stephen Robbins) 저 《조직행동관리》 다이아몬드사, 1997년

- Stephen Robbins 《Organizational Behavior, 9th edition》 Prentice Hall, 2001

- 톰 코프랜드(Tom Copeland), 블라드미르 안티카로프(Vladimir Antikarow) 공저 《결정판 리얼옵션》 동양경제신보사, 2002년

- 톰 코프랜드, 팀 콜러(Tim Koller), 잭 뮬린(Jack Murrin) 공저 《기업평가와 전략 경영–현금흐름경영으로의 전환(제2판)》 일본경제신문사, 1999년

- 돈 이아코부치(Dawn Iacobucci) 편저 《마케팅 전략론 노스웨스턴대학 켈로그 (Kellogg) 경영대학원》 다이아몬드사, 2001년

- 돈 페퍼스(Don Peppers), 마샤 로저스(Martha Rogers) 공저 《ONE to ONE 기업 전략》 다이아몬드사, 1997년

- 버지니아 앤더슨(Virginia Anderson), 로렌 존슨(Loren Johnson) 공저 《시스템 싱 킹(System Thinking)》 일본능률협회 매니지먼트 센터, 2001년

- 바바라 민토(Barbara Minto) 저, 글로비스 매니지먼트 인스티튜드 감수 《논리의 기술》 다이아몬드사, 1999년

- 피터 센지(Peter M. Senge) 《최강조직의 법칙》 도쿠마(德間)서점, 1995년

- 필립 코틀러(Philip Kotler) 저 《마케팅 매니지먼트(제7판)》 프레지던트사, 1996년

- 필립 코틀러 저 《코틀러의 전략적 마케팅》 다이아몬드사, 2000년

- 필립 코틀러 저 《신판 마케팅원리》 다이아몬드사, 1995년

- 브루너(Brunner), 에커(Eaker), 프리먼(Freeman) 외 공저 《MBA강좌 경영》 일본

경제신문사, 1993년

- 로버트 히긴스(Robert Higgins) 저, 글로비스 역 《재무관리》 다이아몬드사, 1994년

- 펜실베이니아대 워튼스쿨, 런던비즈니스 스쿨, IMD 저 《MBA전집 1-6 (제너럴 매니저의 역할, 마케팅, 금융, 경영전략, 리더십과 이론)》 다이아몬드사, 1998-1999년

- 아오키 아쓰시(靑木淳) 저 《가격과 고객가치의 마케팅 전략》 다이아몬드사, 1999년

- 이노 도시오(飯野利夫) 저 《재무회계론》 동문사출판, 1977년

- 이시이(石井), 오쿠무라(奧村), 가코노(加護野), 노나카(野中) 공저 《경영전략론(신판)》 유히카쿠(有斐閣), 1996년

- 이타미 히로유키(伊丹敬之), 카고노 다다노(加護野忠男) 공저 《세미나 경영학입문 (개정판)》 일본경제신문사, 1993년

- 이토 구니오(伊藤邦雄) 저 《세미나 현대회계입문》 일본경제신문사, 1994년

- 이데 마사스케(井手正介), 다카하시 후미오(高橋文郎) 공저 《비즈니스 세미나 경영 재무입문》 일본경제신문사, 2000년

- 우에다 다쿠지(上田拓治) 저 《마케팅 리서치의 이론과 기법》 일본평론사, 1999년

- 오타키 세이치(大瀧精一), 가나이 가즈요리(金井一賴), 야마다 히데오(山田英夫), 이시다 사토시(石田智) 공저 《경영전략》 유희카쿠, 1997년

- 가고 요시히토(加古宜士) 저 《재무회계개론 제3판》 중앙경제사, 2000년

- 구도 히데유키(工藤秀幸) 저 《경영지식》 일본경제신문사, 1985년

- 구니료 지로(國領二郎) 저 《오픈네트워크 경영》 일본경제신문사, 1995년

- 고바야시 기이치로(小林喜一郎) 저 《경영전략이론과 응용》 하쿠토(白桃)출판, 1999년

- 고야마 야스히로(小山泰宏) 저 《M&A · 투자를 위한 DCF기업평가》 중앙경제사, 2000년

- 사이토 요시노리(齊藤嘉則) 저 《문제해결의 전문가 '사고와 기술'》 다이아몬드사,

1997년

- 사이토 요시노리 저 《문제발견의 전문가 '구상력과 분석력'》 다이아몬드사, 2001년
- 사이토 요시노리 저 《전략 시나리오 '사고와 기술'》 동양경제신문사, 1998년
- 사쿠라이 미치하루(櫻井通晴) 저 《ABC의 기초와 사례연구》 동양경제신보사, 1998년
- 사쿠라이 미치하루 저 《관리회계 제2판》 동문관출판, 2000년
- 시마구치 미쓰키(嶋口充輝), 이시이 준조(石井 淳藏) 공저 《현대 마케팅 [신판]》 유히카쿠(有斐閣), 1995년
- 시마구치 미쓰키 저 《전략적 마케팅 이론》 성문당신광사, 1984
- 다오 마사오(田尾雅夫) 저 《모티베이션 입문》 일본경제신문사, 1993
- 다카하시 순스케(高橋俊介) 저 《인재관리론》 동양경제신문사, 1993년
- 다카하시 후미오(高橋文郎) 저 《실천 기업재무》 다이아몬드사, 2001년
- 다나카 히로시(田中弘) 저 《경영분석의 기본적 기법〈제3판〉》 중앙경제사, 1992년
- 도이 히데오(土井秀生) 저 《상급 MBA강좌─글로벌 전략의 모든 것》 닛케이BP사, 1998년
- 데루야 하나코(照屋華子), 오카다 게이코(岡田惠子) 공저 《로지컬 싱킹(Logical thinking)》 동양경제신보사, 2001년
- 야마다 시게루(山田茂) 저 《기업분석 시나리오》 동양경제신보사, 2001년
- 야마다 시게루 저 《전략관리회계》 다이아몬드사, 1998년
- 노구치 요시아키(野口吉昭) 편, HR인스티튜드 저 《로지컬 싱킹의 노하우ㆍ도하우》 PHP연구소, 2001년
- 노나카 이쿠지로(野中郁次郎) 저 《경영관리》 일본경제신문사, 1996년
- 마쓰시타 요시오(松下芳生) 저 《IT 컨설팅》 PHP연구소, 2000년
- 마쓰시타 요시오(松下芳生), Team Marive 공저 《마케팅 전략 핸드북》 PHP연

구소, 2001년

• 모리오 아키라(森生明) 저 《MBA Valuation》 닛케이BP사, 2001년

• 모리타 마쓰타로(森田松太郎) 저 《비즈니스 세미나 신판 경영분석입문》 일본경
  제신문사, 1990년

• 야마다 히데오(山田英夫) 저 《De Facto Standard의 경영전략》 추코(中公)신서,
  1999년

• 야마네 다카시(山根節), 야마다 히데오(山田英夫), 네고로 다쓰유키(根來龍之)
  공저 《닛케이 비즈니스로 배우는 경영전략 사고방식》 일본경제신문사, 1993년

통근대학 MBA1 매니지먼트

지은이 | 글로벌 태스크포스(주)
옮긴이 | 김하경 · 김수광

펴낸이 | 우지형
기 획 | 곽동언
디자인 | 이수디자인
펴낸날 | 2005년 5월 27일(초판1쇄)
펴낸곳 | 나무한그루
등록번호 | 제 313-2004-000156호

주소 | 서울시 마포구 서교동 475-42 오월애빌딩 3층
전화 | (02)333-9028
팩스 | (02)333-9038
이메일 | namuhanguru@empal.com

ISBN 89-955450-7-0 10320
ISBN 89-955450-6-2 (세트)

값 | 7,500원